HANDBUCH FÜR ÜBERLEBENSKÜNSTLER

Sorge tragen für die ERDE • Meditative Betrachtungen

LLEWELLYN VAUGHAN-LEE

HANDBUCH FÜR ÜBERLEBENSKÜNSTLER

Sorge tragen für die ERDE · Meditative Betrachtungen

ONENESS CENTER PUBLISHING

Übersetzung: Sabine Reinhardt-Jost

Impressum:

Die amerikanische Ausgabe erschien unter dem Titel:
A Handbook for Survivalists –
Caring For the Earth – A Series of Meditations
bei The Golden Sufi Center, P.O. Box 456, Point Reyes, California 94956

Umschlagfoto: Diane Barker, www.dianebarker.net
Lektorat: Bernd Jost
Buchgestaltung: Greta Horn
Herstellung: BoD – Books on Demand GmbH
www.oneness-center.ch
www.goldensufi.org

ISBN 978-3-9523830-8-7

INHALT

VORWORT

Das Wort »Überlebenskünstler« erweckt Bilder von jemand, der autonom ist, sich Vorräte an Lebensmitteln, Wasser, Medikamenten und sogar Waffen anlegt, um sich vor Außenstehenden zu schützen. Solche Menschen haben sich einen Bunker gebaut oder Outdoor-Survival-Techniken erlernt und sind für jegliche Krise gerüstet, sei es ein gesellschaftlicher Zusammenbruch oder eine ausgedehnte Katastrophe. Doch es gibt eine tiefere Bedeutung für diesen Begriff des Überlebenskünstlers als jemand, der sich um das wirkliche Überleben der ERDE und ihrer Bewohner sorgt und auch um die Werte, welche diese Lebensgemeinschaft erhalten. Wie wäre unsere Welt ohne Wildnis und Wunder, ohne den Chor in der Morgendämmerung oder eine Wildblumenwiese? Können wir als Menschen wirklich »überleben«, ohne uns mit der Seele der Natur zu verbinden, dieser lebendigen Präsenz, die uns für Jahrtausende genährt hat? Dies sind grundlegende Fragen, während wir in eine ungewisse Zukunft gehen, Fragen, die bis in den Kern unserer gemeinsamen Existenz mit der ERDE reichen.

Und wie können wir uns in dieser Zeit des Übergangs, wo eine Zivilisation stirbt, bevor sich eine neue herausformt, um die ERDE kümmern? Wie können wir zu unserem ursprünglichen Wissen und zu dem Licht zurückkehren, das dem ersten Tag angehört, bevor wir unseren langen Auszug aus dem Paradies begannen? Können wir wieder das Lied der Schöpfung vernehmen oder geht es zusammen mit all den Arten, die wir vernichten, verloren? Betrachten wir Überleben nur auf der physischen Ebene, als Überleben, das meist von Angst und Kämpfen begleitet ist, dann haben wir bereits vergessen, weshalb wir hier sind.

EINLEITUNG

Die Brandsaison hat dieses Jahr früh begonnen. Für den Sommer ungewöhnlich heftige Gewitter und Stürme entfachten überall Feuer und es brennt seit Wochen. Die Luft ist dicht vor Rauch, die Sonne steigt tiefrot am Horizont auf und es regnet Asche. Nachdem wir uns seit Monaten aus Furcht vor der Pandemie in unser Zuhause zurückgezogen haben, suchen wir hier jetzt Schutz vor Feuer und Rauch und wagen kaum, ein Fenster zu öffnen. Unsere Taschen sind gepackt, einige wenige Habseligkeiten, Kleidung zum Wechseln, die wichtigsten Dokumente, falls unser Haus brennt. Unsere kleine Gemeinde hier an der Küste ist den Feuerwehrleuten so dankbar, die das Feuer in Schach halten und ihr Leben dabei riskieren.

Anderenorts im Land brennen die Städte, friedliche Proteste gegen Rassenungerechtigkeit schlugen durch die Brutalität der Polizei und Tötungen in Gewalt um. Bewaffnete Bürgerwehren auf den Straßen, immer mehr Zeichen einer gespaltenen Welt. Und das Miasma der Fake News und Verfälschungen in den sozialen Medien sorgen für eine dystopische Vision unserer zukünftigen Welt.

Das ist es, was es heißt, am Ende einer Ära zu leben, wenn die Klimakrise und soziale und ökonomische Ungerechtigkeit an den Fäden unserer Zivilisation zu ziehen beginnen. Das ist keine Revolution, die sich eine bessere Zukunft ausmalt, sondern Teil eines großen Auftrennens – was geschieht, wenn eine Zivilisation am Sterben ist, wenn ihre egozentrischen Werte von Gier und Ausbeutung den Kipp-Punkt erreichen. Und wir wissen nicht, wie sich das entwickeln wird; unsere Computer-Modelle können diese Zukunft nicht voraussagen. Das Einzige, was wir wissen, ist, dass in diesem Augenblick der Zeit alles radikal ungewiss ist.

Doch wenn ich dann einen Rotschwanzbussard auf dem Ast vor meinem Fenster landen sehe, werde ich an etwas anderes erinnert, an Wunder, an eine Welt der Magie, die wohl jene berührt haben muss, die vor Jahrtausenden die Tiere an die Höhlenwände in Südfrankreich gemalt haben. Ein Silberreiher, der einsam im Feuchtland steht, ergreift mich auf meinem Morgenspaziergang mit der Schönheit und Einfachheit, die das Wesentliche des Lebens ausmachen, ähnlich wie freundliche Worte eines Fremden oder die Wärme der Berührung einer Geliebten. Gestern haben wir kalte Tomatensuppe mit den Tomaten aus unserem Garten gemacht. Bald werde ich Tomaten einkochen, vielleicht grünes Tomaten-Chutney machen – die Tomaten geben dieses Jahr eine überreiche Ernte. Feuer und Rauch, unsere Sachen gepackt, und doch bleibt, in der Wiederkehr der Jahreszeiten, was einfach und wesentlich ist.

Gehen wir in dieses Unbekannte, können wir entweder eng werden, verstrickt in die Dramen der Angst, oder uns mit dem verbinden, was in uns am tiefsten ist, den Erzählungen, die unserem eigentlichen Menschsein angehören wie Liebe, Fürsorge und Gemeinschaft. In allen von uns gibt es ein Wissen, dass wir nicht allein hier sind, um für das physische oder materielle Überleben zu kämpfen, sondern die Werte zu bewahren, die uns in Körper und Seele lebendig halten. Das sind die Werte, die wir in die Zukunft hineintragen und unseren Kindern und Kindeskindern weitergeben müssen.

Durch diese Werte verbinden wir uns mit der wirklichen Erzählung der Menschheit. Nicht mit den Dramen von Macht und Kontrolle, sondern mit etwas weitaus Tieferem, das dem Uranfang entspringt – etwas, das zur verborgenen Geschichte des Lebens gehört: wie wir aus einer Welt des Lichts und der Liebe hergekommen sind, auch wenn wir diese Quelle vergessen haben. Das ist die Geschichte des Vergessens und des Erinnerns, und zu diesem Moment, wo unsere Welt in Brand gerät, zeigt sie uns, wie sehr wir dieses Licht, diese Liebe brauchen, damit wir unseren Weg durch den Rauch und Nebel finden.

Auf den folgenden Seiten will ich versuchen, der Geschichte dieses Lichts nachzugehen und aufzuzeigen, wie es in unsere menschliche Geschichte, in unseren Alltag und unsere Schicksalsmuster eingewoben ist. Hoffentlich kann durch das Erzählen dieser Geschichte die Gegenwart dieses Lichts sichtbarer werden und den Zugang zu seiner Führung erleichtern. In welchem Umfang wir uns in den kommenden Jahren und Jahrzehnten an das Licht halten, wird die wahre Natur unseres Überlebens als Einzelne, als Familien und Gemeinschaften bestimmen und damit auch das Wohlergehen der ERDE selbst.

LICHT

1

LICHT

In meinen frühen Zwanzigern hatte ich eine Reihe intensiver mystischer Erfahrungen. Einmal stand ich an einer Zufahrt, als eine Gruppe kleiner Kinder, paarweise und händehaltend, auf ihrem Weg in den Park an mir vorbeikamen. Plötzlich wurde mir bewusst, wie diese Kinder in Wirklichkeit waren: voller Licht. Aus jedem ihrer Herzen strahlte wie die Sonne ein gewaltiger Glanz. Jedes dieser kleinen Kinder hatte dieses dynamische strahlende Licht mitten in sich, diese glänzende Sonne. Diese Erfahrung von Licht, von seiner Leuchtkraft und Energie, war wunderschön und überwältigend. Das ist unsere eigentliche menschliche Natur: einfach und rein. Unsere Essenz ist aus strahlendem Licht gemacht.

Dreißig Jahre später hatte ich eine weitere Reihe von Erfahrungen, bei denen ich in vollem Bewusstsein in diese Welt des Lichts genommen wurde. Ich beschreibe sie als eine Landschaft der Liebe voller Ströme aus Licht. Ich erkannte, dass diese Wirklichkeit von *Licht über Licht* unsere wahre Heimat ist. Und für eine gewisse Zeit war ich dieses Licht und sah, wie es in jeder Zelle der Schöpfung voller Lachen, Freude und Wissen funkelte. Ich sah, wie es die Geschichten des Göttlichen in unseren alltäglichen menschlichen Erfahrungen erzählte und wie es zugleich ohne Begrenzung war.

Wir kommen aus der Welt des Lichts in die physische Welt und kehren dann am Ende unseres Lebens in das Licht zurück. Und während wir uns in dieser Welt der Sinne aufhalten, sind wir immer von diesem Licht umgeben. Es ist in uns und um uns herum, auch wenn es verborgen ist, verhüllt vor unserem Blick.

Dieses göttliche Licht, diese göttliche Liebe (das ist gleichbedeutend) ist unsere wahre Natur, unser wahres Zuhause und die Quelle von allem Existierenden. In der physischen Welt wird es, wie durch ein Prisma gebrochenes Sonnenlicht, zu den vielfältigen Farben der Schöpfung und bleibt doch gleichzeitig seiner essenziellen Natur treu. Dieses Licht ist die grundlegende Natur von jedem Teilchen, jedem Stein, jedem Bach und dem Ruf eines jeden Vogels. Im Grunde verlassen wir nie die Welt des Lichts. Der Umstand, dass es vor uns verschleiert ist, dass wir dieses Licht vergessen, ist eines der größten Geheimnisse des Lebens.

Bei der spirituellen Praxis geht es darum, sich mit dem Licht zu verbinden und damit zu arbeiten – uns durch unsere Übungen und unser Bestreben und die uns geschenkte Gnade wieder mit dem in unserem Herzen verborgenen Licht zu verbinden, dem Licht unserer Seele. Das ist die Reise heimwärts des Mystikers, das Erwachen des Reisenden, was zu spirituellem Bewusstsein führt – »in Deinem Licht sehen wir das Licht« (*Psalm 36:10*). Durch das Licht unseres allerinnersten Seins, dem göttlichen Licht unseres SELBST, kommen wir dahin, die WAHRHEIT zu erkennen, die in unserem Herzen verborgen und in der Welt um uns herum gegenwärtig ist. Wir sehen dann die Dinge, wie sie wirklich sind, statt »in einem dunklen Spiegel«, und wir bekommen mehr und mehr Zugang zu der Welt des göttlichen Lichts und zu der Liebe, die allem zugrunde liegt.

Wenn wir uns mit diesem Licht bewusst verbinden, beginnt etwas in uns zu singen. Das ist das Lied der Zugehörigkeit, der Heimkehr, der Freude, unsere essenzielle Natur zu leben. Das ist auch ein Liebeslied, ein Lied, das unsere eigenen Erfahrungen und die Erfahrungen der Welt um uns in einem einzigen Akkord zusammenbringt. Wir sind zu dem erwacht, wer wir wirklich sind, woher wir kommen und wohin wir gehen, und dieses Erwachen singt dann im Land.

Zu dieser Zeit scheint im Narrativ unserer Welt das Licht immer mehr verdunkelt. Wir werden immer stärker mit Zerrbildern zugeschüttet, unser Blick auf die Dinge verstellt durch Ungleichheit und Ungerechtigkeit, die Düsternis des Ökozids und all die wetteifernden »Realities« des Internets. Wir leben in einer Zivilisation, die ihren Weg verloren hat, weshalb auch die ERDE selbst jetzt leidet und ihre Luft, ihr Boden, ihre Meere genauso verschmutzt sind wie unser Bewusstsein. Es ist so dringend notwendig, umzukehren, das Licht, das in uns und überall um uns ist, wieder zu entdecken, wieder zu ihm zu erwachen und das natürliche, zu unserem allerinnersten Sein gehörige Bewusstsein zurückzugewinnen. Ohne das Licht unserer wahren Natur wird es immer schwieriger werden, unseren Weg zu finden, und wir werden immer leichter von den zahllosen und vielfältigen Illusionen abgelenkt, die auf uns einstürmen. Wir können dann nicht mehr die Zeichen am

Rand der Straße erkennen und sind unfähig, in die auf uns wartende Zukunft einzutreten.

EIN LICHTFUNKE

2

EIN LICHTFUNKE

Wir kommen aus einer Welt des Lichts. Das kann man in dem Funken in den Augen eines Kleinkinds sehen, das, ohne davon zu wissen, die Herzen der Eltern so erfreut. Und am Ende unseres Lebens kehren wir zu diesem Licht zurück, wie es in vielen Nahtod-Erfahrungen beschrieben wird – als Licht am Ende des Tunnels, das uns mit Liebe und Wohlwollen empfängt. Und während unserer Reise in dieser Welt umgibt uns das Licht, und doch ist es verborgen.

Es ist das größte Paradox, dass sich das göttliche Licht vor uns verhüllt, wo es doch unsere eigentliche Natur ist, und dass die physische Welt der Schöpfung das Licht in der Schöpfung vor uns verhüllt.

Wir kommen aus einer Welt des Lichts in eine Welt des Vergessens, wie der Dichter Wordsworth ausdrückt: »Geburt, das ist nur Schlaf und ein Vergessen«[1]. Einige wenige Jahre bleiben sich Kinder zum Teil des Lichts bewusst, das überall um sie herum ist, und fühlen seine Eigenschaften von Magie und Freude. Das öffnet Tore, die dem rationalen Bewusstsein verschlossen bleiben, lässt Spielzeug und Geschichten lebendig werden und bringt die unsichtbare Welt näher. Es bleibt ein Rätsel, warum manche Kinder in diesem Wunder leben dürfen, während es andere nie zu erfahren scheinen. Ich selbst habe es in meiner obere-Mittelklasse-Kindheit nie kennen gelernt, und ich glaube, auch meine Eltern wussten nichts davon. Ich musste warten, bis ich es durch die Augen meiner Kinder und in ihrem Spiel und Lachen erlebte, um es dann traurig vorübergehen zu sehen, als sie die Kindheit hinter sich ließen. Ich meine, es gehört der Liebe an, und wo Liebe da ist, blüht es auf und fließt.

Und doch bleibt in allen von uns dieser Funke, diese Erinnerung an den ersten Tag, wie sehr auch die Welt mit all ihren Ambitionen und Misserfolgen ihn verdeckt. Das ist der mythische Garten Eden, das Paradies, wo wir nackt zusammen mit dem GÖTTLICHEN umhergingen, bevor wir verbannt wurden, vor dem Sündenfall. Einige indigene Völker sind noch, genährt vom Großen Geist, in diesem Garten geblieben und sind wach für die vielen Stimmen der Schöpfung, für ihre Weisheit und ihren Zauber. Aber die meisten Menschen haben diese ursprüngliche Zugehörigkeit vergessen und leben in einer Welt der Trennung. Wir feiern sogar unsere individuelle Existenz, vereinzelt voneinander und getrennt von der ERDE. Wir haben vergessen, dass wir zu einer Lebensgemeinschaft gehören. Und so ist das Licht unserer göttlichen Natur »verblasst in dem Licht des Alltags«.

Und jetzt, wo unsere Welt aus dem Gleichgewicht trudelt, besteht die dringende Notwendigkeit umzukehren und das Licht wieder zu entdecken, diese Magie, dieses Gebet des ersten Tags.

Wir können es uns nicht mehr leisten, den Mythos des Verbanntseins zu leben, von der QUELLE getrennt zu bleiben. Das Licht und das Lachen in den Augen eines Kindes sind der Kompass, der uns hilft, unseren Weg zu finden, eine Erinnerung an das, was voller Lachen und Freude singt, die wir alle in uns tragen. Das ist die wirkliche Eigenschaft des Lebens, ohne die Lasten der Komplexität und die Dunkelheit der Begierden, nur einfach, wesentlich und wirklich. Das ist unser Geburtsrecht, auch wenn es so leicht verloren und vergessen wird.

Zu diesem Licht zurückzukehren, zu diesem Lied, zu diesem Gefühl der Freude, ist ein erster Schritt auf unserer Reise des Überlebens. Ohne dieses Licht gibt es keine Reise, keinen Ort der Zugehörigkeit.

DER ERSTE TAG

3

DER ERSTE TAG

Dieses Licht, das in dem Funken in den Augen der Kinder zu sehen ist und in ihrem Lachen und ihrer Freude, ist auch in den von unseren Vorfahren ererbten Erinnerungen gegenwärtig. Wir alle bewahren in unserer DNA die Zeit, als wir auf der ERDE in dem Licht des ersten Tages umhergingen, als wir noch in kleinen Gruppen oder Gemeinschaften ein einfacheres Leben führten. Unsere Jäger und Sammler-Vorfahren ernährten sich meist gesünder und litten an weniger Krankheiten als die Menschen heute. Sie waren einander mehr gleichgestellt und verwendeten nur einen kleinen Teil ihres Tages für die Nahrungssuche. Ihre Erzählungen und ihr Träumen standen im Mittelpunkt ihrer Existenz. Die Aborigines in Australien zum Beispiel betrachteten ihre Welt als unaufhörliches ins Dasein Kommen in der Traumzeit, ein Bezug zu einer Zeit, die nicht linear ist, sondern dem »Immerwährend« angehört.

Unbelastet von materiellem Besitz lebten sie in einem tiefen Gewahrsein der sie umgebenden Welt und verbunden mit der ERDE wie auch der spirituellen Welt. Materie und Geist wurden nicht als getrennt erfahren, und Magie war im Land und seinen Bewohnern all-gegenwärtig. In dieser früheren Zeit gab es ein Wissen, das inzwischen tief verborgen ist – ein Wissen von der heiligen Bestimmung der Schöpfung, von ihrer Schönheit, ihrem Wunder. Und dieses Wissen wurde unaufhörlich lebendig und sprach zu den Menschen mit den unzähligen Stimmen der sie umgebenden Welt, sprach in den Bächen, den Stürmen, den Rufen der Vögel und der Wildtiere in der ersten Sprache des Lebens.[2]

So viel wurde in jener Zeit gegeben, als die Seele der Menschheit und die Seele der Welt miteinander verbunden waren und die ERDE ihre Großzügigkeit bewies. Das Land war unberührt und man wusste um seine heilige Natur und ehrte es. Es war eine Zeit des Betens, ein Beten ohne Worte, denn die ganze Schöpfung war erfüllt vom reinen Licht ihrer göttlichen Qualität, und die Menschheit war eins mit der physischen und spirituellen Welt. Es war eine Zeit des Anbeginns, als die Menschheit noch nicht von der QUELLE getrennt war, bevor wir den Kontakt zu dieser natürlichen Magie der Schöpfung und ihre Namen verloren und die Sprache der Kreaturen, der Felsen und Flüsse vergaßen.

Wir können zu der Einfachheit und Unschuld dieser früheren Zeit nicht zurückkehren. Die Lebensweise, die Art, wahrzunehmen und zu wissen, ist für unser fragmentiertes, nicht verbundenes Bewusstsein kaum mehr nachvollziehbar. Aber wir können darauf achten, wie wir unsere Füße auf den Boden setzen, und unsere Sinne für die Welt um uns herum öffnen, können lauschen und schauen. Und wir werden merken, dass hinter der Fassade unserer jetzigen Zivilisation die ERDE trotz all ihrer Verschmutzung noch lebendig ist. Wenn wir unsere Aufmerksamkeit von unseren Bildschirmen abwenden, umgibt uns eine lebendige Präsenz. Der Wind weht noch immer in den Bäumen, die Gänseblümchen richten sich nach der Sonne aus und unsere Seelen träumen noch immer. Wir können noch immer Zugang zu einer Welt haben, in der uns keine Zeit vorwärtstreibt, und von Augenblick zu Augenblick leben. Ja, wir müssen Rechnungen bezahlen, Termine einhalten, doch das sollte uns nicht am Beobachten hindern:

auf unseren Atem zu achten, auf unsere Träume zu schauen und den Sonnenaufgang oder Sonnenuntergang zu verfolgen. Auch in unserer verengten Existenz sind wir weiterhin in einer vieldimensionalen Realität der Wunder gegenwärtig, so überraschend wie ein Kitz, das plötzlich im hohen Gras bei meinem Haus vorsichtig auf seinen dünnen Beinen auftaucht.

Was ich vermitteln möchte, ist, dass der erste Tag, als Träume und Magie und die natürliche Welt miteinander vereint waren und wir noch dazugehörten, weiter gegenwärtig ist. Da hier die lineare Zeit oder das Bild von Fortschritt nicht gilt, kann er nicht in der Vergangenheit verloren sein. Das ist nicht wie eine Zivilisation, die aufsteigt und dann zerfällt und nur Ruinen übrig lässt. Die an ihrem Netz webende Spinne weiß nichts von diesen Dingen, und wenn der Morgentau das Sonnenlicht in ihrem Netz einfängt, kann unsere Aufmerksamkeit in den Moment zurückgeholt werden, der ganz und gar lebendig ist.

Und in diesem Augenblick reinen Gewahrseins – ohne Urteil oder Erwartung – sehen wir mit einem Licht, das nicht allein Sonnenlicht, sondern auch das Licht der Schöpfung ist. In diesem Licht wahrzunehmen (was C.G. Jung *lumen naturae* nennt), unterscheidet sich sehr von der angeblich objektiven oder neutralen Wahrnehmung des rationalen oder wissenschaftlichen Bewusstseins. Es ist eher eine Begegnung oder, im tiefsten Sinn, eine Verehrung und Gebet – ein Segen, der gegeben und empfangen wird. Auch wenn wir es vergessen haben: Es gibt ein tieferes, älteres Bewusstsein, das diese ursprüngliche heilige und essenzielle Verbindung, dieses Empfinden der Zugehörigkeit, erinnert. Wir sind von der Welt um uns herum nicht getrennt, sondern Teil ihrer lebendigen Gemeinschaft.

Wenn wir in dieses einfache Gewahrsein eintreten, lassen wir den Mythos des Getrenntseins hinter uns, der so großen Schaden auf der ERDE angerichtet und uns auf verschiedenste Weise entfremdet hat. Und in diesen Momenten ist ein Ort vorhanden, doch nicht als Bühne, auf der die Szenen unseres Lebens aufgeführt werden, sondern als integraler Bestandteil des Moments. Das Land, seine vielen Bewohner und unsere eigene Erfahrung sind darin zusammengewoben und können nicht getrennt werden. Die Spinne, ihr Netz, der Tau, das Sonnenlicht und unsere Gegenwart bilden alle den lebendigen Teppich.

Leider ist unser Bewusstsein zu sehr konditioniert und von unserer rationalen Welt zensiert worden, als dass wir uns noch ohne weiteres eine andere Daseinsweise vorstellen können. Das wissenschaftliche Narrativ der getrennten, objektiven Realität ist uns so erfolgreich verkauft worden, dass wir nicht einmal merken, wie es nur ein anderes Narrativ, eine weitere Brille ist, die Welt zu betrachten. Und wie bei den meisten erfolgreichen Zensurhandlungen merken wir gar nicht, dass uns eine natürliche Freiheit verwehrt wird, eine viel organischere Weise, mit der uns umgebenden Welt in Beziehung zu sein. Doch jetzt, in diesem Moment unseres kollektiven Schicksals, können wir uns diese Gefangenschaft, diese eingeengte Existenz nicht länger leisten. Die ERDE braucht unsere Präsenz, unsere Bewusstheit, die Verbindung mit uns. Sie braucht uns, damit wir ihre wahre Natur erkennen, ihr Lied hören. Sie braucht uns, Teil ihres lebendigen Gebets zu sein.

KLARE AUGEN

4

KLARE AUGEN

Wie können wir Zugang zu dem Licht bekommen, das uns überall umgibt und doch für unseren Verstand und unsere Sinne verborgen ist? Wie können wir zu der Lichterfahrung zurückkehren, die wir vielleicht nicht einmal als Kind hatten? Wo ist der Garten der Seele, jener erste Tag, den es immer gibt? Wer sind wir vor dem Sündenfall, bevor wir vergessen haben? Und wie können wir von dieser einfachen Mitte unserer selbst aus leben, die in der natürlichen Welt so sichtbar und doch so fern von unserem Bewusstsein ist?

Ja, es gibt spirituelle Pfade und Praktiken, die man befolgen kann, um den Verstand zur Ruhe zu bringen und das Herz zu öffnen. Man kann mit dem Atem arbeiten und die Sinne auf den Augenblick einschwingen. Das mag eine Lebensaufgabe sein, zu dem zurückzukehren, was immer gegenwärtig ist, dieses Tor wieder zu entdecken, das immer offen ist, und dem Duft von Rosen und Geißblatt zu folgen, der Süße, die es vor Honig und Biene gab. Aber das kann uns zu dem Bach bringen, der immer rein fließt und dabei sogar lachend über die Steine hüpft. Und der Geschmack seines Wassers erinnert uns dann an das Leben, das wirklich ist und einfach, und unsere Augen werden wieder klar.

Auf meiner eigenen Reise bin ich weit in die inneren Welten gewandert, um zurück zu diesem Augenblick zu gelangen, zum Anbeginn zurückzukehren, der immer und überall um uns da ist. Gestern, als ich unweit vom Ozean einherging, wandte sich der Hirsch, der dicht beim Pfad das Gras fraß, zu mir um, schaute mich an und graste dann weiter, als wüsste er, dass wir beide derselben elementaren Welt angehören.

Gibt es aber auch einen Weg, sich zu erinnern, im Garten der Seele zu sein, ohne solch eine lebenslange Reise zu unternehmen? Einen Weg, wie am ersten Tag die Flügel des Kolibris schwingen zu hören und die Tomaten am Strauch rot werden zu sehen? Sich mit dieser Einfachheit in einem selbst wieder zu verbinden, mit einem Ort, der wach ist, der das Licht des ersten Tages sehen kann? Müssen wir die Erzählung des Verbanntseins, der Trennung von der QUELLE weiterleben und deshalb die lange und harte Reise zurück machen? Ist das wirklich unser Schicksal als Menschen?

Können wir dieses Licht, das überall um uns herum da ist, in unser alltägliches Leben bringen, in die gewöhnlichen Handlungen wie eine Mahlzeit zuzubereiten oder auch einkaufen zu gehen? Oder ist unsere Welt bereits zu toxisch, unsere Kultur zu spaltend für solch eine Daseinsweise? Müssen das Licht und die Liebe und der Garten der Seele nichts weiter als eine Erinnerung bleiben, ein Mythos oder ein Traum für eine ferne Zukunft? Haben wir den Boden unseres Daseins in solch einem Ausmaß verschmutzt, dass wir uns nicht mehr in der ERDE verwurzeln können? Hat der Unfrieden in den sozialen Medien unsere Wahrnehmung derart verzerrt, dass wir nicht mehr in der Lage sind, zu sehen und zu fühlen, was wahr ist?

Das sind die wirklichen und nicht gestellten Fragen unserer Gegenwart, Fragen, die den wahren Kern unserer Existenz und unsere gemeinsame Reise mit der ERDE betreffen. Das Licht am Anfang und am Ende unseres Lebens kann auch hier gelebt werden in dem Augenblick, der lebendig ist wie im Raum zwischen Einatem und Ausatem, wo die Welten zusammenkommen, wo Magie entsteht. Ohne dieses Licht und seine Magie besteht die Gefahr, dass wir nur die Muster der Vergangenheit wiederholen, dass wir es nicht schaffen, die Bedeutung und Chance dieses Moments zu erfassen. Wir laufen dann an dem offenen Tor vorbei, ohne es zu merken.

Wenn wir in diesem Moment, wo die Dinge auseinanderfallen, wo die Gespaltenheit unserer derzeitigen Kultur sichtbar wird, wo junge Leute für eine Zukunft protestieren, die verloren geht, ausverkauft in unserer endlosen Gier, fähig sind zu lauschen und zu schauen, merken wir vielleicht, dass wir nicht im Stich gelassen worden sind. Durch die Risse kann eine ganz andere Zukunft erahnt werden. Das ist eine Zukunft, die aus dem gegenwärtigen Augenblick heraus völlig lebendig entsteht. Eine Zukunft, die unser Urwissen mit der ERDE wie auch mit der Sonne und mit den Sternen verbindet. Eine Zukunft, die zum Anbeginn zurückreicht, dahin als unsere Beziehung zur ERDE und all ihren Bewohnern heilig war und sang.

Als Mystiker und Liebender halte ich diese Möglichkeit in meinem Herzen, dass etwas Wesentlicheres als materieller Besitz die kommenden Jahrzehnte überleben wird, wenn soziale Unruhen so leicht zu gesellschaftlichem Zusammenbruch führen können und die Auswirkungen der Klimakrise uns voll treffen. Das ist der Traum, der in mir lebt, dieser Traum, dass wir noch einmal mit sauberen Händen und klaren Augen auf der ERDE einhergehen und wissen werden, dass wir mit dem Land und seinen unzähligen Bewohnern zusammengehören.

O Großer Geist,
lass mich in Schönheit wandern,
und lass meine Augen den roten und purpurnen
Sonnenuntergang schauen.
Lass meine Hände die von Dir gemachten Dinge ehren
und meine Ohren scharf genug sein, Deine Stimme zu hören.[3]

SCHICKSAL

5

SCHICKSAL

Was ist das wahre Wesen unseres Schicksals, besonders in dieser Zeit, wo die Menschheit getrieben scheint, das Ökosystem, das uns erhält, zu zerstören? Wie viel freien Willen haben wir? Welches sind die Kräfte, die unsere Zukunft bestimmen? Wir haben einige Erkenntnisse über die sozialen und wirtschaftlichen Kräfte gewonnen, die unser individuelles und gemeinschaftliches Leben so sehr beeinflussen, über die Strukturen von Armut, sozialer und ethnischer Ungerechtigkeit. Die Psychologie hat uns auch ein Bewusstsein für die Muster gegeben, die durch unsere Umwelt, unsere Eltern, unsere Kindheit entwickelt werden, und wie sich diese auf unser Leben auswirken, wie zum Beispiel Missbrauchserfahrungen oder andere

Traumatisierungen uns prägen. Dagegen wissen wir weniger von den tieferen Kräften in unserer kollektiven Psyche, die C.G. Jung die archetypischen Kräfte nennt, obwohl sie entscheidende Faktoren in unserem kollektiven Leben darstellen und die Mythen bilden, die uns beeinflussen. Sie sind wie Flussbetten entlang derer das Wasser des Lebens fließt.

Und doch wird uns, besonders in Amerika, beigebracht zu glauben, wir könnten unser Leben selbst bestimmen oder »unseren Traum leben«. Dass dies hier ein Land der unbegrenzten Möglichkeiten ist, gehört genauso zu den Mythen, und entspricht leider nicht den Tatsachen, dass unsere wirtschaftliche Zukunft stark von unserem sozialen Hintergrund abhängt und sozialer Aufstieg in den letzten Jahrzehnten tatsächlich seltener geworden ist. Und jetzt, wo die Zukunft der ganzen Menschheit auf dem Spiel steht, welche Geschichte sollen wir da glauben? Ist die heraufziehende Klimakrise eine Folge von aus der Kontrolle geratenen wirtschaftlichen Kräften? Regierungen subventionieren weiterhin Öl- und Gasfirmen, und während sie von grünen Initiativen sprechen, gibt es wenig Hinweise auf eine wirkliche Veränderung, weg vom dominanten Mythos des ständigen Wirtschaftswachstums und der grenzenlosen Gier. Wie Greta Thunberg 2019 in Davos klar sagte: »Ein paar Leute, ein paar Gesellschaften, insbesondere ein paar Entscheidungsträger wissen genau, welche kostbaren Werte sie geopfert haben, damit sie fortfahren können, eine unvorstellbare Menge an Geld zu machen.«

Und die Natur antwortet mit einer sich beschleunigenden Klimakrise, die wir nur teilweise verstehen. Unsere industrielle Kultur hat Kräfte heraufbeschworen, die sie jetzt nicht mehr kontrollieren kann, und wir nähern uns dem »Kipp-Punkt«, oder haben ihn sogar schon überschritten, unumkehrbarer Veränderungen, ohne richtig zu begreifen, was dies bedeuten kann, oder dass Klima-Feedbackschleifen den Erwärmungsprozess noch fördern können. Wie viel von unserer Welt wird unbewohnbar werden, wie viele Städte werden in dem steigenden Meeresspiegel untergehen? Und ebenso wichtig: Was bedeutet das für unsere gemeinsame Reise mit der ERDE und ihren anderen-als-menschlichen Bewohnern? Was heißt das für unsere Seele und die Seele der Welt, dass wir so viel Schönheit und Artenreichtum für einen kurzfristigen ökonomischen Gewinn zerstören? Begreifen wir überhaupt, dass wir die Verlierer sind, wenn die Luft zu verschmutzt ist, um klar zu sehen oder frei zu atmen? Werden wir, wenn unser kollektiver Mythos nur an materiellen Wohlstand glaubt, überhaupt den Verlust an Wildnis und Wunder fühlen, wenn sie nicht mehr zugänglich sind?

Wo ist bei all diesen verschiedenen, unser individuelles und kollektives Schicksal bestimmenden Kräften unser freier Wille, welche Rolle hat er zu spielen? Müssen wir in diesem Traum leben, der uns zerstört, der an dem Gewebe unseres Lands und unserer Seele zerrt? Und was heißt das für jeden von uns, am Ende einer Ära zu leben, während wir die Luft und den Boden und das Meer vergiften? Vielleicht sind diese Fragen zu fundamental, um sie uns zu stellen. Und da wir Materie und Geist getrennt haben, werden der Zustand des Bodens und der der Seele nur selten zusammen untersucht. Verstehen wir, dass wir zum Überleben mehr als nur technologische oder wissenschaftliche Reparatur brauchen? Wir müssen tiefer schauen, dahin, wo die Klimakrise die eigentliche Wurzel unserer menschlichen Natur berührt, zu den Werten, die wir bewahren und denen, die wir verraten. Nur dann können wir sehen, was wir wählen müssen, um die ERDE zu schützen, bevor es zu spät ist, bevor das Licht zu schwach wird, um unseren Weg zu finden.

Die kommenden Jahre werden turbulent und herausfordernd werden. Die beispiellosen Feuer dieses Sommers sind zusammen mit der Pandemie ein Vorgeschmack. So viele zerstörte Heime, hunderttausende Morgen verbrannten Landes. Hier draußen hat unsere kleine Küstengemeinde zusammengehalten, unser örtliches Café backte kostenlose Pizzen für die Feuerwehrleute, so wie wir freies Essen für die vom Virus Betroffenen anboten. Wie das in den kommenden Jahren und Jahrzehnten sein wird, wissen wir nicht.

Wir leben in einer Zeit zunehmender Traumatisierung von Menschen und Umwelt. Da ist erst einmal der Schock bei all denen, die ihre Häuser durch Feuer oder Überschwemmungen verloren haben oder deren Ernten dem Klimawechsel zum Opfer fielen. Aber da gibt es noch das mehr-als-menschliche Leid, das wir bezeugen, indem wir es durch die Augen eines jungen Menschen und seinem Protest gegen die Abholzung eines uralten Waldbestands sehen oder durch eine alte Frau, die wegen der Verwüstung von Wildblumenwiesen trauert, die sie als Kind noch kannte. Wir weinen um eine Landschaft, in der wir wohl nie mehr laufen werden, um eine wilde Schönheit, die verloren geht.

Und was an Wahl haben wir, während wir durch dieses zunehmend öde Land stolpern? Was für ein Licht können wir in diese Geschichte bringen, die sich um uns herum entrollt? Und diese Geschichte hat so viele Facetten: hungernde Flüchtlinge, Fischer-Gemeinschaften ohne Fische, die Blasen an Falschinformationen und Social-Media-Posts, die uns inzwischen kontinuierlich die Sicht verdunkeln.

Meine eigene Wahl ist einfach: ein Gewahrsein für die menschliche und ökologische Tragödie, die sich um uns abspielt, zu halten und ihre vielen Verzeichnungen zu vermeiden und in dem Licht und der Liebe zu bleiben, die unser tieferes Wesen ist. Das bedeutet, dass ich an vielen Morgen mit einer Trauer im Herzen und in der Seele aufwache, die mich manchmal den ganzen Tag über begleitet. Ich kann nicht losgelöst von dem sein, was mit unserer wunderschönen, leidenden ERDE geschieht, und von all den Kräften, die begierig darauf sind, das zu zerstören, was am kostbarsten ist. Während ich in den letzten Tagen an diesem Text schrieb, ist die Luft von all den sich in der Hitze neu entzündenden Wildfeuern noch schädlicher geworden, und hinzu kam, dass ich Artikel über Polizeibrutalität und über uigurische Frauen las, die in chinesischen Lagern eingesperrt und zwangssterilisiert wurden, während die Pandemie weltweit ihre Verheerungen fortsetzt. Und doch weiß ich von meiner eigenen Praxis und meinen Gebeten, dass es ein Licht und eine Liebe gibt, die all dieses

Leiden sehen und halten kann. Ich versuche dieser Dimension unserer göttlichen Natur treu zu bleiben, die in meinem Herzen wie auch in der ERDE selbst gegenwärtig ist. Nichts ist getrennt und alles ist zugleich auf Weisen gehalten, die jenseits meines begrenzten Verstehens sind.

Die letzten Jahrzehnte habe ich verfolgt, wie sich diese Kräfte konstellierten, und die Weigerung der Menschheit beobachtet, zu erkennen, was sich abspielt. Ich empfand eine große Trauer über unsere kollektive Wahl, sah aber auch die Kräfte, die dieses Schicksal bestimmten. In vielen dieser Dynamiken von Korruption und Unterdrückung liegt eine dunkle Magie, die sich daran zeigt, wie leicht sie unsere Gehirne und die Medien manipulieren. Taschenspielertricks sind nicht nur Werkzeug der Straßenmagier, sondern auch der Verschwörungstheoretiker, die all die Menschen anziehen, die Angst haben und Gefahr und Kontrollverlust spüren in einer Welt, die sie nicht mehr verstehen – alles Kennzeichen einer Zeit radikaler Ungewissheit.

Auf meinem Weg habe ich Gewahrsein dem Handeln vorgezogen, auch wenn ich die Menschen schätze, die sich für mehr Aktivismus entscheiden. Ich glaube an die Macht des reinen Gewahrseins, was die Sufis »bezeugen« nennen, an das Licht des Bewusstseins in der derzeitigen Verfinsterung. Schaue ich auf die Welt, bin ich der Kräfte bewusst, die uns einengen, uns einen wirklichen Wandel versagen und uns zwingen, das letzte Kapitel in dieser Geschichte des Ökozids und des Missbrauchs aufzuführen. Und jetzt muss ich Zeugnis ablegen über die schmerzhafte Auflösung unserer Zivilisation, selbst dann, während ich ein Licht halte, das nähren kann, was am tiefsten ist, und das hoffentlich einer Geschichte des wahren Überlebens Kraft gibt.

Und es ist möglich, dass dieses Licht, wird es von denen im Bewusstsein gehalten, die sich dieser Arbeit verpflichtet haben, einige der dunklen Kräfte daran hindern kann, weiter mit schweren Stiefeln über unsere fragile ERDE zu laufen, und dass es hilft, etwas von dem Leid der Natur und der Menschen zu lindern.

All jene von uns, die den Schrei der ERDE vernommen und ihre Herzen offen gehalten haben, können dazu beitragen, Fürsorge und Mitgefühl dahin fließen zu lassen, wo es gebraucht wird – in unsere Gemeinschaften, in die Welt um uns herum und in die ERDE unter unseren Füßen. Unsere Feuerwehrleute haben sich trotz der Gefahr Mühe gegeben, keine alten Bäume zu zerstören oder unsere Wasserläufe zu vergiften, als sie kontrolliertes Abbrennen einsetzten, um uns zu schützen.

Es ist noch nicht die ganze Geschichte unserer Gegenwart geschrieben, auch wenn wir das Leid und die Vertreibungen der kommenden Jahre durchleben müssen – da gibt es keinen Ausweg, denn unsere derzeitige Zivilisation und ihre Werte sind einfach zu polarisierend und untragbar. Aber es gibt Möglichkeiten zu wählen, wie viel verloren geht in der mehr-als-menschlichen Welt wie auch in unserer eigenen Seele. Die Mächte des Lichts und die der Dunkelheit sind weniger leicht zu unterscheiden als damals, in der Generation meiner Eltern, im Kampf gegen den Faschismus. (Mein Vater war an Bord eines Minensuchers und wurde zweimal versenkt, und meine Mutter fuhr einen Rettungswagen während der Luftangriffe auf London.)[4] Und dabei steht jetzt nicht nur das Geschick der Menschheit, sondern die ERDE auf dem Spiel. Die ERDE wird das Massenaussterben der Arten überleben – das letzte Massenaussterben kam durch den Einschlag eines Meteoriten und vernichtete die Dinosaurier und 75 Prozent aller Arten, schaffte aber Raum für das Entstehen der Säugetiere und Blütenpflanzen und schließlich auch der Menschen. Was aber geht verloren, wenn all die Gebete und die Segen unzähliger Generationen längst vergessen sind? Und was auch von der kollektiven Seele der Menschheit, der die Möglichkeit zur Evolution unter dem Licht der Sonne gegeben worden ist?

Haben wir überhaupt in vollem Umfang erkannt, dass unser Schicksal als Menschen und das Schicksal der ERDE zu einem einzigen Teppich gehören, der aus all den Fäden der natürlichen Welt und den Mustern der Zivilisation zusammengewoben ist? Dieses Bewusstsein für unser lebendiges Einssein könnte unser einziger und größter Beitrag sein, während unsere Welt auseinanderfällt. Das Licht in unserem Herzen kommt unmittelbar von der QUELLE und ist deshalb eins mit allem, was existiert. Unsere Wahl ist also einfach: Wollen wir in all der Angst und Spaltung unserer jetzigen Zeit gefangen bleiben – die zunehmen, wenn die Welt mehr und mehr aus dem Gleichgewicht gerät –, oder wollen wir das Licht unserer wahren Natur leben, das die fundamentale Einheit des Lebens feiert.

CHAOS

6

CHAOS

Wie werden wir in dem Chaos der kommenden Jahre leben, wenn die Strukturen, die unsere gegenwärtige Konsumgesellschaft stützen, anfangen zu zerfallen? Wir haben es jetzt in der Pandemie gesehen, wie leicht Versorgungslinien zusammenbrachen, wie rasch viele Millionen ihren Job und ihre Existenz verloren, wie Gesundheitskrise und Konjunkturrückgang zu langen Schlangen bei den Tafeln und zu Obdachlosigkeit führten. Inzwischen zeigen Feuer und Überschwemmungen unsere Verwundbarkeit in der nahenden Klimakrise. Und immer sind es die Armen und Notleidenden, die es zuerst trifft, seien es Subsistenzbauern in Somalia oder ungelernte Arbeiter in Amerika.

Und was ist mit der Unsicherheit, die sich schon vor Ausbruch der Pandemie wie ein Kräuseln durch unsere kollektive Psyche zog, ob dieser Traum vom Wohlstand nicht vielleicht vorbei ist? Wie werden wir reagieren, wenn es keine schnelle »Reparatur« gibt, keinen in Kürze vorhandenen Impfstoff, damit alles wieder zur Normalität zurückkehrt? Hier sind wir so dankbar, dass die Feuerwehrleute unsere Häuser geschützt haben, aber es war so fühlbar nah, wie in jedem Moment unser Städtchen niederbrennen könnte. Wer wird die Stellung halten gegen die elementaren Umbrüche, ob durch eine Pandemie oder die Klimakrise?

Wir können Deiche gegen den steigenden Meeresspiegel bauen, können kontrollierte Feuer gegen Waldbrände einsetzen. Wir können versuchen, Flüchtlinge abzuweisen, um unsere Lebensweise zu schützen. Doch letztlich können wir nicht mehr darüber hinwegsehen, dass wir in eine Zeit radikaler Unsicherheit eingetreten sind und akzeptieren müssen, dass wir nicht wissen, was passieren wird. Wir werden zu lernen haben, mit der Instabilität zu leben, die leicht zu Chaos führen kann.

Chaos selbst ist eine Lebenskraft, eine Zeit kreativer Regeneration. Es ist ein Abstieg in die Dunkelheit des Nichtwissens und auch die *prima materia* für die alchemistische Umwandlung. Nur aus dieser uranfänglichen Formlosigkeit heraus kann es wirklichen Wandel geben, eine Erneuerung, die nicht durch die vergangenen Strukturen und Ideologien bedingt ist. Chaos ist bildlicher Ausdruck der Schönheit des Unvorhersagbaren.

Aus diesem Grund ist es so wichtig, zu diesem Zeitpunkt nicht zu versuchen, die Zukunft festlegen zu wollen. Wir müssen dem Chaos gestatten, unsere Welt zu transformieren, seine eigene Qualität des Wunders in unsere Leben zu bringen, wie in Nietzsches Ausspruch: »Du musst das Chaos in dir haben, um einen tanzenden Stern zu gebären.«

Für all jene, die stark genug sind, hinzuschauen, hat Chaos sein eigenes Licht und seinen eigenen Tanz. Es ist wie der Einatem, der das Leben von der Form zur Formlosigkeit führt und uns aus bindenden Mustern befreit. Chaos kann uns nackt machen und damit Raum für neues Leben schaffen, für neue Muster, die entstehen wollen. Es ist sowohl dynamisch wie ekstatisch, auch wenn es schmerzhaft sein kann. In der Mythologie gehört diese Energie zu Dionysos, dem Naturgott des Weins und des göttlichen Wahnsinns, den die Römer auch *Liber* nannten, also den Freien. Er kann mit den Lebenden und den Toten kommunizieren und steht deshalb an der Schwelle zwischen den Welten.

Wollen wir uns aus den Begrenzungen unseres rationalen Bewusstseins und seinem Drang befreien, die Natur zu kontrollieren, müssen wir Chaos zulassen, brauchen wir diese Kraft des Auflösens. Wer über die Schwelle zwischen rationalem und irrationalem Selbst gegangen ist, kennt die magische Kraft dieses Raums, in dem die Regeln der Konvention nicht mehr gelten, sondern eine tiefere Leidenschaft herrscht. Hierher gehört Orpheus, der Musiker und Dichter, dessen Reise in die Unterwelt die Macht der Liebe verkörpert, die den Tod überwindet.[5]

Zwischen den Welten ist eine besondere Energie gegenwärtig, ein Katalysator für einen wirklichen Wandel. Das ist entscheidend für jede Initiation oder Transformation, die immer Gnade und das Unerwartete braucht. Traditionell nimmt Musik und Tanz oder Fasten und Beten die Person in diesen heiligen Raum. Hier geschieht es, dass sich Visionen zeigen. Traurigerweise haben wir diese Übergangsriten, wie so viel von unserem mythischen Erbe, verloren, zusammen mit der nichtrationalen Weisheit, die diesen Grenzbereichen entstammt. Aber unsere Seele kennt noch dieses unbestimmte

Land, in dem die Mystiker seit jeher wandeln. Es ist die dunkle Seite der Liebe, die berauschende Freiheit, die daher kommt, dass man sich im Göttlichen verliert. Das ist das Licht, das in die Dunkelheit gehört, in die unbegrenzte Leidenschaft und Kraft, die aus dem tiefsten Inneren kommen.

Und in den nächsten Jahren werden wir beobachten, wie Chaos auf die äußere Lebensbühne tritt, während die Welt stirbt und darauf wartet, neu geboren zu werden. Die von uns, die auf ihrer eigenen Reise in das Grenzland gelangt sind, können das, was formlos ist und unbekannt, willkommen heißen und mit dem Licht, das befreit, arbeiten. Wir haben auch gelernt, diese Kraft zu respektieren, haben sie in unserem Körper und unserer Psyche gefühlt. Wir können sie in dem mächtigen Sturm und Regen eines Orkans wahrnehmen, in dem freien Fall eines wirtschaftlichen Zusammenbruchs oder in der kreativen Energie eines Künstlers. Statt sich am Widerstand abzuarbeiten, statt diese ursprüngliche Lebenskraft zu bekämpfen, sind wir uns bewusst, wie sie unserer Welt helfen kann, aus dem Albtraum zu erwachen, der alles zerstört, was heilig und natürlich ist.

Hier in diesem Raum der wahren Transformation kann das Leben wieder zu seinen Wurzeln im Heiligen zurückkehren und neu entstehen. Später werden die Formen der Zukunft ins Dasein kommen, aber das ist nicht die gegenwärtige Etappe unserer globalen Reise. Das menschliche Bewusstsein kann weiterhin der Mittler zwischen den Welten sein. Wir können auf unsere tiefere Weisheit lauschen, die diese Zyklen von Leben und Tod kennt, und der Liebe treu bleiben, der wir wie einem Faden folgen können. Chaos wird uns prüfen, ob wir uns an unsere äußeren Besitztümer klammern oder lernen, mit leichtem Gepäck zu reisen, mit einem kleinen Bündel voll Liebe und Fürsorge und Mitgefühl. Großzügigkeit wird vielleicht nützlicher sein als Lebensmittel zu horten, Freundlichkeit anderen gegenüber wirkungsvoller als Gewalt. Diese Werte werden bestimmen, welche Welt wir erschaffen, was aus den Trümmern ersteht.

ATEM

7

ATEM

Die Pandemie hat uns mit Schärfe das Primat des Atems bewusst werden lassen. Für jene, die auf einer Intensivstation um ihr Leben ringen, geht es bei jedem Atemzug ums physische Überleben, während tausende andere an vernarbten Lungen als Folge des Virus leiden. Indem wir Masken tragen, schützen wir andere vor unserem Atem, vor dieser luftübertragenen Pandemie. Das Virus stammt ursprünglich von Fledermäusen, und sehr wahrscheinlich hat der Verlust ihres Habitats zur Übertragung auf den Menschen geführt. Jetzt und in absehbarer Zukunft sind wir gezwungen, auf die Luft und den Atem zu achten.

Die Klimakrise ist auf den steigenden CO_2-Gehalt in der Atmosphäre zurückzuführen, derweil ein winziges Virus in der Luft, das sich von Mensch zu Mensch ausbreitet, eine globale Krise des Gesundheitswesens und der Wirtschaft verursacht hat. Ist das nur Zufall oder spricht die Natur zu uns und erinnert uns an das, was am essenziellsten ist, und zeigt uns, dass wir nicht von der uns umgebenden Luft getrennt sind? Weist uns die Natur auch auf die Gefahr der Luftverschmutzung hin? Atmen ist der ursprünglichste Rhythmus unseres Lebens, zusammen mit dem Herzschlag. Mit jedem Atemzug bringen wir lebenswichtigen Sauerstoff in unser Blut und unseren Körper. Und jetzt wird durch die Angst vor dem Virus – und hier an der Westküste Amerikas auch vor dem Rauch in der Luft – unsere Aufmerksamkeit wieder auf den Atem gerichtet. Ist das eine Vorschau auf die Zukunft, wenn die Luft noch giftiger ist und die Temperaturen immer stärker steigen?

Der Atem ist entscheidend für alles Leben: Säugetiere, Vögel, Fische und Insekten – sie alle atmen Sauerstoff. Auch Pflanzen atmen: Sie geben dabei nachts Kohlendioxid ab und nehmen Sauerstoff aus ihrer Umgebung auf, während bei der Photosynthese Kohlendioxid aufgenommen und Sauerstoff produziert wird. Bäume, die wir auch als die Lungen der ERDE bezeichnen, absorbieren Kohlendioxid und bilden Sauerstoff. Das ist von zentraler Bedeutung für den Lebenszyklus unseres Planeten, weshalb es so zerstörerisch ist, Wälder abzubrennen oder sie zu fällen und damit die Atmosphäre mit noch mehr Kohlenstoff anzureichern.

Bei den Menschen gibt es darüber hinaus noch eine spirituelle Dimension des Atems, weshalb er der Schwerpunkt vieler spiritueller Praktiken ist, sei es die Achtsamkeit auf den Atem in der Meditation oder der *Sufi-dhikr* (die Wiederholung des Namens Gottes), der mit der Atmung einhergeht wie auch das Jesus-Gebet. Der Atem ist traditionell die Brücke zwischen der äußeren physischen Welt und der inneren Welt der Seele. Mit jedem Einatem rückverbinden wir uns mit der Essenz der Seele, welche dann mit dem Ausatem in unseren Körper und in das Leben fließt. Durch Gebete, Dhikrs oder Mantras oder nur durch das Gewahrsein des Atems machen wir diese innere Verbindung bewusst und leben das Licht der Seele und ihrer göttlichen Natur. Und wir bringen dabei dieses Licht nicht nur in unseren eigenen Körper, sondern auch in den Körper der ERDE und nähren ihre Seele.

Auch wenn die meisten Menschen gar nicht auf ihren Atem achten und unbewusst, also instinktiv atmen, ist es ganz leicht, sich darauf zu fokussieren und sich des Atems gewahr zu werden – jeder kann das ohne ein spezielles Training tun. Bewusst atmen macht es so fühlbar, dass die Tür zur Seele und ihrem Licht nie wirklich geschlossen ist – sie ist bei jedem Atemzug, unabhängig von unserer inneren oder äußeren Situation, offen. Aber nur wenn wir ein bewusstes Atmen zulassen, kann es uns und die ERDE wirklich mit diesem reinen Licht nähren. Vielleicht ist die jetzige Zeit ein Ruf an die Menschen, der einfachen Macht unseres Atems mehr Aufmerksamkeit zu schenken – diesem weisen Gefährten, der uns vom ersten bis zum letzten Augenblick unseres Lebens begleitet, vom ersten Schrei eines Neugeborenen bis zum letzten Atemzug einer sterbenden Person.

Und während unsere Kultur rastlos und voll von unzähligen Aktivitäten ist, die den ursprünglichen Lebensrhythmus nicht achten, bringt der Atem uns immer zum ursprünglichen Rhythmus und Fluss zurück: dem Kommenlassen, dem Gehenlassen und dem Warten. Wenden wir keine Willenskraft auf unseren Atem an, sondern überlassen wir uns dem natürlichen Rhythmus von Einatem und Ausatem und (oft übersehen) dem Raum vor dem nächsten Einatem, kann uns der Atem zur Harmonie mit dem Leben zurückführen und eine Brücke zwischen

Geist und Materie werden. Er kann die Essenz der Seele auf schönste und sinnvollste Weise in die Schöpfung einweben.

Das gehört zur spirituellen Wissenschaft des Betens, der Meditation und anderer Praktiken, die den Atem nutzen. Da wir Teil einer lebenden, atmenden Welt sind, verbindet uns unsere individuelle Praxis unmittelbar mit der mehr-als-menschlichen Welt. Unsere spirituelle Reise ist, wie auch unsere Lebensreise, immer mit der Reise der ERDE verbunden. Der Einsiedler in seiner Hütte, die Nonne in ihrem Konvent sind nie getrennt – ihre Gebete und Meditationen gehören zum göttlichen Einssein, zur Einheit des Seins. Und wenn wir das Licht der Seele von der inneren zur äußeren Welt bringen, tragen wir dazu bei, die gesamte Schöpfung zu erhalten.

Um uns herum, von den Fischen in den Meeren zu den hoch aufragenden Bäumen in den Regenwäldern, atmet die ERDE auf so vielfältige Weise. Dabei haben allein die Menschen die Fähigkeit, Licht und Liebe direkt in die Welt zu atmen, ein Licht, das für die Erneuerung und Transformation unserer Welt entscheidend ist. Die Engel des Lichts halten den Durchgang zwischen den Welten offen, aber es ist die Aufgabe der Menschheit, dieses Licht zu leben und damit diese Energie in das Netz des Lebens fließen zu lassen, wo es auf verborgenen Wegen heilen und umwandeln kann. Leider hat unsere spirituelle Fokussierung auf die individuelle Transformation diese Dimension spiritueller Praxis vergessen oder zensiert. Man vermittelt uns nicht mehr, inwiefern unser spiritueller Körper Teil des spirituellen Körpers der ERDE ist oder wie sie zusammenarbeiten und wie unsere Seele und die Seele der Welt verbunden sind. Wir sind von unserer Heimat getrennt worden, und zwar physisch wie auch spirituell.

Das gehört zur Erzählung der Trennung, wie Materie und Geist getrennt wurden und wie das Leben auf der ERDE schließlich zum Exil wurde und wir unser Zuhause nur noch nach dem Tod erreichen können. Und es ist wahr, dass es diese Dimension reinen Lichts und reiner Liebe gibt, in die wir nach dem Tod zurückkehren, aber sie ist auch hier gegenwärtig, verborgen in der Welt um uns herum und in unserer eigenen Seele und in jedem einzelnen Atemzug. Das Göttliche in den Himmel zu verbannen, war ein Verwerfen unserer tiefsten Erdweisheit, ein schmerzvoller Raub unserer Erinnerung daran, als wir noch zusammen mit dem Göttlichen hier in dieser Welt einhergingen. Deshalb ist das einfache Gewahrsein dieser Momente reiner Gegenwärtigkeit, erfahren in der Schönheit eines Sonnenaufgangs, in der Beobachtung eines Nektar trinkenden

Kolibris oder in dem bewussten Akt des Atmens, so heilend. Wieder wissen wir dann, dass die ERDE unsere heilige Heimat ist.

Und jetzt steht unser ganzer Planet an dem Durchgang zwischen den Welten, der äußeren Welt, die wir systematisch vergiften, und der inneren Welt der Seele und der Weltseele, deren Existenz wir vergessen haben. Als Mittler zwischen den Welten ist unsere menschliche Präsenz und unsere Praxis eine entscheidende Lebenskraft: Unsere Bewusstheit für den Atem und seine spirituelle Dimension ist Heilung für unser individuelles Selbst wie gleichermaßen für die Welt um uns. An diesem ausschlaggebenden Moment unseres gemeinsamen Schicksals muss die Welt des Lichts bewusst mit der physischen Welt verbunden werden, und wir sind die Verbindung.

ERINNERN

8

ERINNERN

Jetzt, da die Welt aus dem Gleichgewicht gerät, ist es dringend notwendig, innerlich ausgerichtet, verbunden zu bleiben, unsere Füße fest auf dem Boden zu haben und unser Herz offen zu halten. Wir können es uns nicht leisten, uns in dem Pesthauch der Falschmeldungen und Verzerrungen zu verlieren und von den seltsamen Strömungen dieser Zeit fortgerissen zu werden. Es ist wichtig, eine einfache spirituelle Praktik zu haben, um zentriert zu bleiben, sei es auf den Atem zu achten, zu beten oder nur in Stille zu sein.

Erinnern ist eine zentrale Sufi-Praktik. Wir erinnern unseren Geliebten mit jedem Atemzug. Durch unser Erinnern wird unser Geliebter in unserem Herzen lebendig und in der

Welt um uns herum sichtbar – »wo immer du dich hinwendest, ist das Angesicht Gottes.« Aber Erinnern setzt auch Vergessen voraus; wir erinnern, was wir vergessen haben, unser Zusammensein mit Gott als lebendige Gegenwart. Zunächst ist das Erwachen beim Einzelnen immer ein Akt der Gnade, ein Geschenk, das uns gegeben wird, unsere Reise nach Hause zu beginnen. Wir bekommen einen Geschmack unseres präexistenten Zustands göttlichen Einsseins oder göttlicher Gegenwart. Die spirituelle Praxis ist dann der natürliche Weg, wach zu bleiben inmitten all des Vergessens, hervorgerufen durch die Illusionen der Welt, und schrittweise die Schleier zu heben, die uns vom Licht in uns und um uns trennen.

Da unsere derzeitige Kultur den Kontakt zu dem Wissen verloren hat, inwieweit wir wechselseitig mit der ERDE verwoben sind, was Thich Nhat Hanh »Intersein« nennt, haben wir auch vergessen, wie tiefgehend wir die ERDE als lebendes Wesen beeinflussen. Viel zu spät erkennen wir, wie sich unser globales Industriewachstum und unsere Konsumgesellschaft negativ auf unsere physische Umwelt auswirken, indem sie unsere Natur in einem noch nie dagewesenen Ausmaß zerstören und das Lebenserhaltungssystem unseres Planeten an den Rand des Zusammenbruchs treiben. Wir erkennen jedoch noch nicht, wie sich unser kollektives Bewusstsein ebenfalls auf die ERDE auswirkt.

Frühere Kulturen lebten in Harmonie mit der ERDE und wussten darum, dass sie spirituell und magisch wie auch physisch lebendig war. Sie kommunizierten mit Gebeten und Ritualen mit der ERDE und ihren zahllosen Bewohnern und sorgten für das Gleichgewicht zwischen den Welten, wobei sie nie die Gegenwart des Großen Geistes in der Schöpfung vergaßen. Ihre Gesänge, Tänze und ihr Trommeln erfüllten die ERDE mit ihrem Bewusstsein ihrer göttlichen Natur, und ihre heiligen Symbole gehörten zur äußeren wie auch zur inneren Welt.

So halfen sie seit Urzeiten auf diese Weise der ERDE, als magisches Wesen lebendig zu werden, so wie unsere eigene spirituelle Praxis uns individuell helfen kann, unser Bewusstsein für unsere göttliche Natur zu erwecken. In den ersten Tagen, als auf der ERDE das menschliche Bewusstsein erwachte, vor etwa zweihunderttausend Jahren oder länger, veränderte sich etwas im spirituellen Körper der ERDE. Das Licht des menschlichen Bewusstseins, mythisch dargestellt als das von den Göttern gestohlene Feuer, kommunizierte unmittelbar mit dem Licht der ERDE; die Seele der Menschen und die Seele der Welt, *anima mundi*, sangen zusammen.[6] Die ERDE erwachte auf eine neue Weise, eine andere Qualität von Erdbewusstsein war geboren. Und als die frühen Völker ihre Geschichten und Schöpfungsmythen tanzten und sangen, wurde das Land lebendig, erwachte seine Magie. Das war auch die Zeit der Namensgebung, als den Schamanen oder Weisheitshütern die Namen der Schöpfung gegeben wurden, wodurch sie Zugang zu ihrer magischen Kraft erhielten, zu den heilenden Eigenschaften der Pflanzen und zu der Weisheit und den Kräften der Tiere.

Und das Erwachen der ERDE wurde von den ersten Völkern mit ihren Zeremonien und Gebeten umsorgt und später mit ihrer heiligen Kunst – mit den Darstellungen von Bisons, Pferden und Hirschen und dann mit Steinkreisen, ausgerichtet auf die aufgehende Mittsommer-Sonne und wiederum viel später wurde eine Kathedrale wie Chartres an einem Ort erbaut, der ursprünglich der Schwarzen Madonna, der Erdgöttin, geweiht war. Auf diese Weise kamen das menschliche Bewusstsein und das Erdbewusstsein auf heilige Weise zusammen und nährten einander. Das Licht der menschlichen Seele und das Licht in der Schöpfung halfen sowohl der Menschheit wie auch der ERDE sich zu entwickeln.

So haben sich über tausende von Jahren die ERDE und die Menschheit gemeinsam entwickelt, bis wir unsere Reise der Trennung von der ERDE begannen, als Gott sich in den Himmel zurückzog, der Boden aufhörte, heilig zu sein und wir anfingen zu vergessen. Jetzt ist unser Schöpfungsmythos der Big Bang der Naturwissenschaften, aber wo in diesem Narrativ ist der flussaufwärts schwimmende Lachs, wo der in der Höhle überwinternde Bär? Wo sind die Kraft und das Wunder, wo die Magie, die durch unsere Sinne lebendig wird, durch unsere direkte Verbindung mit dem Land und seinen Bewohnern? Was haben wir alles verloren? Was haben wir alles vergessen? Und was heißt das für die ERDE selbst, dass unsere Gebete nicht mehr kommen?

Leider und tragischerweise haben unser Vergessen der magischen Qualität der ERDE und der Umstand, dass so wenige von uns noch die Rituale praktizieren, die diese Beziehung erhalten, dazu geführt, dass diese magische, lebendige Dimension der ERDE aus dem Bewusstsein geschwunden ist. Für die meisten Leute gibt es sie nur noch in den Mythen und Kindergeschichten. Ihr Lied wird nicht mehr vernommen, ihre heilige Bedeutung ist vergessen. Und die ERDE selbst leidet und ihr Licht zieht sich zurück.

Wenn ein Mensch, der erst einmal zum Licht erweckt worden ist, dahin gerät, es zu vergessen und in die Dunkelheit zu regredieren, wird ihm durch Gnade ein Licht gegeben, eine Energie und eine Liebe, die ihm helfen, wach zu bleiben. Das kann durch eine zufällige Begegnung, eine Erfahrung in der Natur oder durch einen unerklärlichen Augenblick geschehen, wenn die Tore zwischen den Welten sich öffnen und Gnade gegenwärtig ist. In Sufi-Geschichten ist das der Moment, wenn, nachdem der Königssohn, der in die Welt geschickt worden war, den Auftrag seines Vaters vergessen hat und nicht mehr weiß, was er tun sollte, zu guter Letzt ein Vogel zu ihm kommt und ihm einen Zettel bringt, auf dem steht: »Wach auf! Denn du bist der Sohn eines Königs, gesandt in einem speziellen Auftrag, und du musst zu uns zurückkehren.«

Der Vogel symbolisiert den Akt der Gnade, die kommt, wenn wir in größter Gefahr sind, dann, wenn die Tore des Lichts dabei sind, sich endgültig um uns herum zu schließen, und eine Chance verloren geht, der Zweck eines Lebens vergessen wird. Und was für den einzelnen Menschen gilt, den »kleinen Adam«, gilt auch für unsere Welt, den »großen Adam«. Es ist unschwer zu erkennen, dass diese Welt durch das Vergessen ihrer göttlichen Natur und des heiligen Lichts in der

Schöpfung verdüstert worden ist. Einige wenige Gruppen oder indigene Weisheitshüter erinnern die alten Wege und unsere gemeinsame heilige Aufgabe, aber langsam schwindet das Licht. Die größte Trauer ist, wie wenige das auch nur zu merken scheinen. Sogar viele, die sich für den Schutz der Umwelt einsetzen, die tief besorgt sind wegen der Klimakrise, beziehen sich nur selten auf die ERDE als ein lebendes Wesen und fokussieren sich stattdessen auf CO_2-Emissionen und Grade der Erderwärmung.

Jetzt ist die ERDE dabei, physisch und spirituell zu sterben. Wir können nicht zu den Tänzen und Geschichten unserer Vorfahren zurückkehren – sie gehören einer anderen Zeit und einem anderen Ort an. Aber wenn wir der ERDE helfen wollen, nicht weiter das Bewusstsein ihrer eigenen Seele zu verlieren, braucht sie eine direkte Infusion göttlichen Lichts. Und der einfache Akt unseres Erinnerns ihrer heiligen Natur kann zu diesem Moment unterstützend sein. Licht und Liebe können von unserem Herzen zum Herz der Welt fließen, und die Zellen im physischen Körper der ERDE werden sich ihrer Quelle erinnern und wie eine ferne Musik ihr eigenes Lied hören.

STERBEN

9

STERBEN

Tod ist ein natürlicher Übergang, ein Wechsel von einem Zustand in einen anderen. Blätter fallen von den Bäumen; die abgeworfenen Blätter bieten Nahrung für Pilze, die wachsen, wenn sich die Blätter zersetzen. Als mein geliebter Kater starb, beobachtete ich, wie das weiße Licht seiner Lebenskraft aus seinem kleinen Körper floss und zur Natur zurückkehrte, zum Netz des Lebens, dem er angehörte. Wenn ein Mensch stirbt, zieht sein Seelenkörper weiter, zurück in die innere Welt. Licht kehrt zu Licht zurück. Glaubt man an Reinkarnation, so kehrt dann das Licht in einer anderen Form, einem anderen Leben wieder oder wird in dem Ozean des Lichts, der die Grundlage aller Existenz ist, absorbiert.

Alles verändert sich, Übergänge von Zustand zu Zustand.

Und jetzt erfahren wir das Sterben einer Zivilisation, und während sie stirbt, attackiert sie das Ökosystem, das die mannigfaltige Welt der Biodiversität erhält. So viele Arten sterben, Insekten verschwinden, und natürliche Lebensräume gehen verloren. Und wir sind alle Teil dieses großen Sterbens, gleich ob wir isoliert in Städten oder in den Randgebieten leben, wo wir es verfolgen und betrauern. Eine Zivilisation hat, wie ein einzelner Mensch, ihren Lebenszyklus. Unsere derzeitige industrielle Zivilisation hat ungefähr dreihundert Jahre gedauert. Die römische Zivilisation bestand für tausend Jahre, und die ägyptische Zivilisation währte dreißig Jahrhunderte. Das Ende der römischen Zivilisation hing auch mit einer Klimaveränderung zusammen – die Spätantike Kleine Eiszeit – und mit einer Pandemie – die Beulenpest. Was einzigartig an dem Sterben unserer gegenwärtigen Zivilisation ist, dass es global geschieht, wie auch der Klimawandel und die Umweltzerstörung, die von ihr hervorgerufen wurden. Und für diejenigen, die nicht in deren sterbenden Träumen von technologischen Lösungen und ewigem Wachstum gefangen sind, stellt sich die Frage: Wie wird der kommende Übergang sein? Wie werden der gesellschaftliche Zusammenbruch und die notwendige Anpassung als Antwort auf die Umweltkrise und den sozialen Notstand aussehen?

Wie können wir am besten mit diesem Sterben leben? Wie können wir uns auf diese Zeit des Umbruchs einstellen? Für viele an den Frontlinien des Klimawandels ist es eine Frage des physischen Überlebens, wenn ihre Ernten ausfallen und sie sich oft gezwungen sehen, erst in die Slums der Städte überzusiedeln und dann zu flüchten. Für alle von uns, die nicht in dieser elementaren Tragödie stecken oder in den Abhängigkeiten des Konsumwahns verloren sind, kann uns die Frage des Übergangs aus dem Traum einer globalen industriellen Wachstumsgesellschaft erwachen lassen und eine Chance sein, tiefer hinzuschauen. Wie können wir in dieser Zeit der radikalen Ungewissheit am besten leben, und wie können wir eine neue Erzählung für die Menschheit und die ERDE entwickeln?

Aber zuerst müssen wir uns mit dem Tod auseinandersetzen. Wir müssen uns eingestehen, dass wir an dem großen Sterben teilhaben und an dem Verlust und der Trauer, die zu diesem Sterben gehören. Wir müssen den Kummer über das, was verloren geht, in unseren Herzen spüren, die Vögel, die nie wieder singen, die Fische, die nie wieder schwimmen werden, die abgeholzten Wälder, die verschwundenen Insekten und Pflanzen, und die Böden vergiftet. Wir alle sind daran beteiligt. Und im extremsten Fall kommen wir, da wir das Ökosystem zerstören, das uns erhält, an das Ende der Menschheitserfahrung. Vergänglichkeit ist zentral für alles Leben, doch besonders in dieser Zeit.

Und mit diesem Bewusstsein von Tod und Sterben werden wir umkehren und zur QUELLE schauen. Manche Menschen klammern sich, wenn sie sich mit ihrer eigenen Sterblichkeit konfrontiert sehen, mit aller Kraft an das, was verloren geht, an ihre Erinnerungen, an ihr Ich-Gefühl. Sie ziehen sich in der Angst zusammen, während eine andere Geschichte gerade beginnen will. Aber diejenigen, die imstande sind, die tieferen Zyklen von Leben und Tod anzunehmen, die ein bisschen von dem Licht erhascht haben, welches auf sie wartet, werden sich der QUELLE zuwenden.[7] Dann werden sie nicht in Angst über die Schwelle gehen, sondern in Erwartung und vielleicht sogar eine unsichtbare Präsenz spüren, bevor sie sterben.

In diesen Zeiten des Übergangs ist die unsichtbare Welt viel näher, das Tor zur Welt des Lichts ist offen. Ich weiß noch, als ich anfing Vorträge zu halten und Träumen zuhörte, wie eine alte Frau in der ersten Reihe einen Traum mit weißgekleideten Gestalten erzählte, die ihr über eine Schwelle halfen. Man interpretiert nicht einen Sterbetraum, aber ich sagte ihr, sie würde bald wissen, was er bedeute. Während ihr Mann ruhig neben ihr schlief, sah sie mich mit leuchtenden Augen an und nickte.

Und jetzt, da unsere Zivilisation stirbt und die ERDE leidet, sind die Tore zwischen den Welten weiter geöffnet, als uns das klar ist. Bedauerlicherweise hat unsere rationale Kultur der Wahrnehmung vieler Leute Scheuklappen angelegt – die alten Wege der Magie und des Heiligen sind längst vergessen. Wir sehen nicht mehr die Naturdevas in unseren Gärten und auf Feld und Flur, wir sprechen nicht mehr mit den Geistern des Lands. Aber diejenigen, deren Augen nicht für Träume und Visionen geschlossen sind, fühlen vielleicht, dass einige Engel anwesend sind. Ja, es gibt die dunklen Kräfte, die über unsere Welt ziehen und Zwietracht und Verwirrung bringen und alten Hass aufwühlen. Doch die Kräfte des Lichts sind ebenso mit uns, auch wenn ihre Gegenwart nicht so greifbar ist. Tore, die für Jahrhunderte geschlossen waren, öffnen sich. Ein bestimmtes Licht ist sichtbar, noch kaum wahrnehmbar wie eine zaghaft in der Ferne zu hörende Musik. Dieses Licht hat einen Sinn und eine Aufgabe: der Menschheit und der ERDE zu helfen, diesen Schritt auf ihrer gemeinsamen Reise zu tun.

Tod und Neugeburt gehören zusammen, und beide sind mit Licht erfüllt. Wenn auch unsere Kultur die Existenz der inneren Welten[8] verneint, ja sogar zensiert hat, heißt das nicht, dass sie verschwunden sind, man muss nur stärker hinhören, sorgfältiger hinschauen. Dann fängt man vielleicht kurz, wie aus den Augenwinkeln, einen Blick auf etwas völlig anderes auf: eine Welt, die darauf wartet, uns zu helfen. Deshalb ist das nicht die Zeit, um Pläne zu machen – das kann später kommen –, sondern aufmerksam, beobachtend und abwartend zu sein. Offen für das Unerwartete und Unerklärbare. Und insbesondere, empfänglich zu sein für das Licht, das zu jedem Tod gehört.

Dann werden wir, wenn wir den in unserer Seele eingeprägten und in der Welt um uns herum sichtbaren Zeichen folgen, entdecken, dass es einen Pfad gibt durch die Turbulenzen der kommenden Jahre. Einen Pfad, auf den wir beide Füße setzen können, um dann unseren Kindern und Enkelkindern den Weg zu weisen. Einen Pfad, der uns durch die Trümmer und leeren Einkaufszentren der Konsumkultur dieser sterbenden Zivilisation führen kann und uns behilflich ist, die vergifteten Brunnen zu meiden, während er uns zeigt, welche Wasserläufe klar fließen und wo die Luft gut genug zum Atmen ist. Zuletzt wird er uns das Land zeigen, wo wir ausruhen und bleiben und mit der Arbeit beginnen können, eine neue Heimat zu schaffen, eine neue Zivilisation. Das mag viele Jahrzehnte in der Zukunft liegen, aber die Zeichen sind schon da.[9]

Wir wissen, dass wir lernen müssen in Harmonie mit der mehr-als-menschlichen Welt zu leben. Wir können es uns nicht länger leisten, Vertriebene in unserem eigenen Land zu sein, des Heiligen beraubt. Mit Fürsorge und Liebe und Respekt können wir eine andere Weise des Daseins entwickeln, in der auch die unsichtbaren Welten willkommen sind.

Zuvor jedoch müssen wir dem Sterben dieser Zeit ins Gesicht schauen und dem Kummer über eine Welt, die wir zerstören. Wir müssen in dieser Erfahrung vollständig gegenwärtig sein, denn hier werden, wie in unserem eigenen Lebenszyklus, die Tore des Lichts gefunden. Träumen wir zu früh von einer tragfähigen Zukunft, werden wir diesen Moment, dieses Licht, diese Chance versäumen. Unsere Füße sind dann nicht auf dem Boden, unsere Herzen nicht offen für den Schmerz. Dann gehen die Engel an uns vorbei.

NEUGEBURT

10

NEUGEBURT

Der Frühling folgt auf den Winter, die ERDE dreht sich und die Jahreszeiten wechseln. Und wenn der gegenwärtige Ökozid nicht so extrem wird, dass die Menschheit nicht überleben kann, wird eine neue Zivilisation aus den Ruinen, aus den Verheerungen unserer jetzigen Zeit hervorgehen. Manche stellen sich eine technologische Zukunft vor, eine fortgeschritten nachhaltige Zivilisation, die auf sauberer Energie basiert. Doch jene, die genau durch die Risse unserer derzeitigen Kultur geschaut haben, wissen, dass dies nur das Produkt einer Science-Fiction-Phantasie ist. Wenn sich Nachhaltigkeit nur auf die Menschheit und nicht auf die mehr-als-menschliche Welt bezieht, schaffen wir aufs Neue ein sterbendes Bild. Wenn wir nicht den grundlegenden Schritt vollziehen, unser Bewusstsein der lebenden ERDE zuzuwenden, uns wieder mit dem Boden unter unseren Füßen zu verbinden, wird die Zukunft nicht lebendig werden. Neugeburt verlangt nach dem Ende der Geschichte der Trennung und das Erwachen zur Geschichte des lebendigen Einsseins, der Einheit allen Lebens. Das sind die ursprünglichen Werte, die wir brauchen, damit die Zukunft in den Ruinen unserer industriellen Welt ins Leben kommt.

Das scheint, wenn wir uns in der Welt mit ihrem zunehmenden ökologischen Zusammenbruch, ihrer wachsenden Ungleichheit und Spaltung und all ihren Machtdynamiken und Kontrollmechanismen umsehen, wie ein unerreichbarer Traum, der sich in dem harschen Licht unserer derzeitigen Realität auflöst. Unser derzeitiger kollektiver Traum ist noch immer materieller Wohlstand und wird von zerbröckelnden Demokratien oder zunehmend autoritären Regimen gestützt. Die Sorge für die ERDE zählt nicht zu unseren drängenden Anliegen, obwohl die Temperaturen steigen und die Wälder brennen. Das Narrativ der von der ERDE getrennten Menschheit oder der Menschheit als »Herrscher über die ERDE« hält unser Bewusstsein und unser unbewusstes Selbst im Würgegriff.

Wie wollen wir dann den Übergang von unserer jetzt sterbenden ERDE in eine lebendige Zukunft schaffen? Wie viele Arten müssen noch aussterben, wie viele Wälder kahl geschlagen werden, welche Mengen an Plastik unsere Meere vergiften, bevor wir aus diesem Albtraum erwachen, den wir Fortschritt nennen? Im Augenblick sieht es wie ein Zen-Koan aus: »Wie bekommen wir die Gans aus der Flasche, ohne die Flasche zu zerbrechen oder die Gans zu verletzen?« Die einfache Zen-Antwort: »Schau, sie ist draußen!« mag einen plötzlichen Bewusstseinssprung veranschaulichen, aber sie deutet wohl eher nicht auf die Gegebenheiten eines jeden Übergangs hin.[10] Und während ich an Wunder und Magie glaube, weiß ich auch um die brutale, zerrüttete Landschaft, in die wir gehen. Ich kann das aus meinem Fenster an dem rauchgefüllten Himmel und der Luft, die zu stickig ist zum Atmen, erkennen.

Über zwanzig Jahre beobachte ich, wie sich diese Spaltung entwickelt – die Vision einer Zukunft, die auf der Einheit basiert, dem Wissen um die wechselseitige Abhängigkeit allen Lebens, und die trostlose Kälte unserer jetzigen Welt der Gier und Korruption und ihre verheerenden Hinterlassenschaften. Junge Menschen für eine Zukunft protestieren zu sehen, die sie wohl nie kennen lernen werden, rührt eine tiefe Saite an – wie viele Generationen werden verloren sein, bis wir zur ERDE umkehren? Oder einfacher ausgedrückt: Wie lange wird es dauern, bis wir zu den Werten zurückkehren, die das Leben fördern, die anerkennen, dass alles Leben, die gesamte Schöpfung, heilig ist? Nicht allein die Menschen, sondern ebenso die Schmetterlinge und Spinnen, die Felsen und Flüsse, die Graslandschaften und Wälder, die Algen und Pilze ...

Wenn wir unser Bewusstsein diesem ursprünglichen Wahrnehmen zuwenden, dieser einfachen, von unseren Vorfahren noch erkannten und geachteten Wahrheit, wird der Frühling zurückkehren. Auf welche Weise der Frühling dann erwacht, wie die Samen wachsen und welche Bäume bleiben und Früchte tragen werden, hängt von unserer Haltung und unserem Handeln in den nächsten Jahren und Jahrzehnten ab. All jene, welche die ERDE als ein einziges, organisches, vernetztes Lebewesen begreifen, können helfen, diesen Übergang zu unterstützen und die inneren Flüsse des Lebens rein zu halten, auf dass sie das nähren, was geboren werden will. Neugeburt kommt immer aus der Dunkelheit wie aus den Samen in der Erde oder aus den Initiationskammern der alten Mysterienkulte. Diese Dunkelheit kann voller für die Neugeburt wichtiger Nährstoffe sein, und Boden, der unfruchtbar aussieht, kann mit Liebe und Sorgfalt gepflegt werden.

Und was ist mit dem Licht, das in uns ist und in allem, was um uns existiert? Wie können wir mit diesem Licht in der Dunkelheit der kommenden Jahrzehnte arbeiten, diesem Licht, welches am Anbeginn da war und um den Sinn und Zweck unserer menschlichen Reise gemeinsam mit der ERDE weiß? Das ist das Licht, welches die Namen der Schöpfung kennt, wie alles Dasein miteinander verwoben ist – unsere Träume mit dem Schrei der Kreischeule, der Wind, der die Äste des Baums biegt, die Wellen, die an der nahen Küste aufschlagen.

Es ist wichtig zu verstehen, dass dieses Licht nicht dasselbe ist wie das Sonnenlicht, das uns wärmt und unsere Feldfrüchte wachsen lässt. Dieses spirituelle Licht hat ein Bewusstsein, ein Wissen. Auf grundlegendster Ebene kennt es die Namen der Schöpfung und die göttliche Absicht von allem, was existiert, genauso wie das göttliche Licht unserer eigenen Seele unsere tiefste Aufgabe kennt. Indem wir uns in unserer spirituellen Praxis mit diesem inneren Licht verbinden, können wir diese Aufgabe leben und das Lied unserer Seele in unserem Alltag singen. Sich mit diesem Licht wieder zu verbinden, kann oft eine Lebenskrise oder eine Veränderung mit sich bringen wie einen neuen Berufsweg oder eine neue Beziehung, weil man vom Leben aus dem Ego-Zentrum heraus zum Leben der Seele überwechselt. Als ich neunzehn war, beendete ich, nachdem ich meine spirituelle Lehrerin getroffen hatte und mit meinem inneren Zentrum wiederverbunden war, mein Architekturstudium, was der Traum meiner Mutter gewesen war, und arbeitete in den merkwürdigsten Jobs, bis ich aufs College zurückkehrte, englische Literatur studierte und Englischlehrer wurde. Meine Liebe für Worte ist seither wesentlich in meinem Leben.

Durch die Arbeit des Wiederverbindens der ERDE mit ihrem eigenen Licht können wir sie unterstützen, ihr Lied und ihre heilige Aufgabe zu erinnern. Sie ist weder eine auszubeutende Ressource noch eine zu zähmende wilde Kraft. Das Licht der ERDE webt dieses Lied in die physische Welt und verbindet so Materie und Geist und göttliche Absicht. Es ist schon immer die zentrale Aufgabe der Menschheit gewesen, dieses Lied zu leben und zu feiern, diese uralte Zugehörigkeit, bis wir vergaßen und unsere Machtkämpfe begannen und sowohl vom GÖTTLICHEN wie auch von der ERDE getrennt wurden. Und dann zog sich die Seele der ERDE immer weiter zurück und wurde, tausende von Jahren später, krank, so wie auch die kollektive Seele der Menschheit erkrankt ist. Sind wir von der QUELLE abgeschnitten, werden wir krank. Der Ursprung des Ungleichgewichts liegt im Vergessen oder im Getrenntsein von unserer wahren Natur.

Und das ist der Grund, warum wir an einem Scheideweg stehen, der viel entscheidender ist als nur unsere Klimakrise, und warum Neugeburt so wichtig ist. Unser Urvertrag war, das Lied der Schöpfung zu singen, in Geschichten und Gebeten, Zeremonien und in einfachen täglichen Handlungen. Die Menschheit brachte eine Bewusstseinsqualität in die vielschichtigen Ebenen der Existenz; wir brachten ein göttliches Licht in die Welt und webten es in den Stoff des Lebens – wir machten die Welt mit unseren Geschichten auf eine Weise lebendig, die sich sehr von der rein instinktiven Ebene der lebenden Welt unterschied. Als wir nach und nach aufhörten, der ERDE diese Geschichten zu singen, fing ihre Seele an, sich zurückzuziehen, bis die Seele der Welt, die *anima mundi,* wie jetzt in unserer computerisierten Welt, völlig vergessen, unerkannt und unbesungen ist.

Sie muss aber ins Leben zurückkehren, muss erinnert werden. Das ist die zentrale Note jeder Neugeburt: das Wiederverbinden mit der ERDE als einem heiligen Wesen, auf dass ihre Seele wiedererwachen und im Licht des ersten Tages leben kann.

Hat Sie die Möglichkeit zu erwachen, dann können wir zusammen eine organische, selbstorganisierende menschliche Gesellschaft nach den Werten und Prinzipien unserer gemeinsamen Existenz schaffen. Wir werden der ERDE dann nicht mehr unsere Ideen oder Macht- und Herrschaftsstrukturen aufzwingen, sondern Partner sein und zusammen mit Ihr arbeiten, leben und singen. Und wenn die ERDE aufs Neue erwacht, werden Magie und Wunder ins Leben zurückkommen, und wir werden erinnern, warum wir hier sind. Das ist die Möglichkeit für unsere Evolution, das Tor zurück in den Garten, das nach unserer schmerzhaften Reise der Trennung, des Vergessen, geöffnet wird.

Wie sich diese Möglichkeit auf der äußeren Bühne des Lebens entfalten wird, wissen wir noch nicht. Die Klimakrise wird unsere Gesellschaft zerschlagen, extreme Hitze und steigende Meeresspiegel, Feuer und katastrophale Stürme werden unsere globalen Demografien verändern. Physisches Überleben wird im Mittelpunkt vieler Gemeinschaften stehen. Aber für jene, die nicht in dem verblassenden Traum unserer gegenwärtigen Zivilisation gefangen sind und Mittel der

Widerstandskraft entwickeln können, wird das Licht anwesend sein, die Gnade, welche zu jedem Tod und jedem Übergang gehört. Und dieses Licht muss hier gelebt werden, in unseren einfachen täglichen Handlungen, besonders in denen der Liebe und Fürsorge füreinander und für die ERDE. Wir müssen dieses Licht zurück in unseren Alltag und das Leben der ERDE weben, auf sein Lied horchen und Teil seines Gebets werden. Das mag als zu substanzlos angesichts der vielen äußeren Herausforderungen der kommenden Jahrzehnte wirken. Aber für jede wirkliche Neugeburt gilt, dass wir zum Anfang zurückkehren müssen, zu den Samen unserer Existenz, die nicht einfach nur physisches Überleben sind. Unser Vergessen hat uns an diesen Ort gebracht, in diese ausgedorrte Landschaft, wo die Wasser versiegt sind. Unser Erinnern wird unsere Aufmerksamkeit zu dem führen, was darauf wartet, geboren zu werden.

EIN GARTEN

11

EIN GARTEN

Unser auf einem Hügel gelegenes Haus nahe der Bay hat einen wunderschönen Garten, den meine Frau angelegt hat und sich mit Liebe darum kümmert, ihn gießt und das Unkraut jätet. Er ist voller Farben und Düfte, Purpurs und Gelbs und Rosas, Buddleja-Sträucher und Fingerhüte, Clematis rankt üppig über den Zaun, Kolibris saugen Nektar mit ihren dünnen Schnäbeln. Es ist ein magischer Raum, und die Geister des Gartens sind so glücklich. Es ist eines der Freuden meines Alters, im Hof des Gartens zu sitzen und die Vögel an ihren Futterspendern zu beobachten. Meist sind es Spatzen und Finken, aber ab und an picken Spechte mit ihren leuchtend roten Köpfen die Körner.

Immer, wenn ich von meinen Reisen – es war noch vor der Pandemie – zurückkam, ging ich zu allererst in den Garten und fühlte seinen Frieden, diese Atmosphäre natürlicher Magie. Dann wusste ich, ich war nach Hause gekommen. Er ist ein Begegnungsort der Welten, wo alle willkommen sind. Heilige Orte sind für die Welten immer Treffpunkte gewesen, für die Geister des Landes und die Wesen des Lichts mit den Menschen, die als Hüter oder Gärtner dieser Räume die Tore offen hielten, damit Magie lebendig sein konnte.

Traditionell waren die Menschen immer die Mittler zwischen den Welten. Nicht nur die Schamanen und Heiler, auch all jene, die zum Rhythmus der Trommeln tanzten oder die Jagd erträumten. Wie diese Rolle aus unserem Bewusstsein gerutscht ist, gehört zur Geschichte unseres Vergessens, aber es gab eine Zeit, als alles Land eine multidimensionale und auf vielerlei Weise wache Umgebung war. Wenn du einen offenen Eingang finden kannst, bleib dort, beobachte deine Träume und spüre das Unsichtbare. Die inneren Welten brauchen uns, ihre Existenz zu erinnern, so wie das Licht wieder willkommen geheißen werden will. Geschichtenerzähler, Gärtner, Träumer, Liebende sind alles Bezeichnungen, die auf unseren Urvertrag mit der Schöpfung hindeuten. Wenn es uns gelingt, ein kleines

Stück Land wieder zum Leben zu erwecken, eine Brachfläche zum Blühen zu bringen, die Bienen und Vögel anzieht, entdecken wir vielleicht, dass wir zurück an einem Ort der Zugehörigkeit sind. Liebe und Fürsorge für die ERDE sind Worte, die in unseren Fingern lebendig werden, und dann kehrt ein Funke in das Netz des Lebens zurück.

Nicht alle von uns können organische Landwirtschaft betreiben, Feuchtgebiete renaturieren oder Bäume pflanzen. Aber wir können alle fühlen, dass der Boden heilig ist, auch in der Stadt in einem Topf mit Kräutern oder Blumen auf der Fensterbank. Wir können unseren Kindern zeigen, wie man Samen in die Erde legt, und das kleine Wunder verfolgen, wenn die ersten Keimblätter sprießen. Wir können auch den inneren Garten unserer Seele neu gestalten: einen Platz schaffen, geschützt vor der Machtübernahme durch Gier und Begehren. Wir können daran arbeiten, dieses innere Land wiederherzustellen, das so häufig von den Verzerrungen und dem Gerümpel der heutigen Welt verschmutzt worden ist, und zu seiner natürlichen Schönheit und dem Gefühl des Friedens zurückkehren. Durch Beten und Liebe wässern und nähren wir den Garten, bis er in unserem Leben erblüht.[11] Wir erahnen dann vielleicht auch, wie unsere Seele und die Seele der Welt sich begegnen und verschmelzen und zu einer ganz eigenen inneren Landschaft werden, die ebenfalls unsere Aufmerksamkeit braucht. Unsere Partnerschaft war nie allein mit der physischen Welt und ihren vielen Arten, sondern schloss immer alle Welten, die sichtbaren wie die unsichtbaren, mit ein. Am Anbeginn floss alles ineinander; erst viel später brauchten wir Initiationen, um das wahrzunehmen. Kinder können aus diesem Grund einige Jahre in dieser Welt der Verzauberung leben, bevor ihre Augen sich trüben.[12]

Ich weiß nicht, welche Qualität der Wahrnehmung uns in den kommenden Jahrhunderten zurückgegeben wird, ob das Wiederverbinden mit der uns umgebenden natürlichen Welt uns helfen wird, die Scheuklappen unseres rein rationalen Bewusstseins abzulegen und zu einem bezogeneren, verbundeneren Dasein und Sehen zu gelangen. Gegenwärtig können wir nicht mehr tun, als anzuerkennen, dass die uns umgebende Welt auf Weisen lebendig ist, die wir nicht in vollem Umfang verstehen, und uns darauf einlassen, den Bäumen und Bächen zu lauschen und eine ganz und gar lebendige Welt zu erinnern. Jeder kann lernen, wieder mit dem Land zu atmen. Hier in meinem Garten gibt es die einfache Begegnung mit dem Heiligen, spürbar in der Luft genauso wie der süße Duft des Geißblatts am Abend. Das gleicht einer Note, die zutiefst beruhigt und mich an einen Ort des Zugehörigseins erinnert, der nicht nur physisch ist. Wenn ich am Abend zuschaue, wie die Schatten bei den Blumenbeeten länger werden und die Streifenhörnchen noch umherhuschen, um die aus den Futtersäulen gefallenen Samen zu fressen, empfinde ich mich nicht mehr als Fremder in einer aus der Kontrolle geratenen Welt.

EPILOG

EINE LIEBESGESCHICHTE FÜR DIE ERDE

Anwesend im Hier und Jetzt und doch verborgen inmitten der Alltagsanforderungen gibt es eine Welt des Lichts und der Liebe, das reine Licht des GÖTTLICHEN. Die Beziehung dieser Welt des Lichts, *Licht über Licht*, zu der physischen Welt, zu unseren alltäglichen Interaktionen, zu den Freuden und Sorgen des Lebens, gehört zu den größten Geheimnissen. Wir kommen aus diesem Licht, der QUELLE, und wir kehren zu diesem reinen Licht zurück, das sowohl unsere wahre Natur ist – das Licht am Ende des Tunnels in einer Nahtod-Erfahrung – wie auch das GÖTTLICHE, welches in allem und um alles, was existiert, gegenwärtig ist. Und doch ist es unsere menschliche Erfahrung, dass wir von diesem Licht getrennt und in einer

Welt des Kampfs und Leidens, der Ungerechtigkeit und Ungleichheit gefangen sind. In ähnlicher Weise suchen wir nach Liebe, sehnen uns danach, geliebt zu werden, obwohl Liebe unsere eigene tiefste Natur ist.

Wesentlich ist die Verbindung zwischen diesen beiden Welten. Das ist das Geheimnis von: »ER liebt sie und sie lieben IHN« (Qur'ān 5:54) – diesem Liebesband, das die ganze Schöpfung durchzieht, diese Achse der göttlichen Liebe, die Atome sich drehen und Sterne leuchten lässt und die sich die Mystiker in ihrem Herzen und in ihrem Alltag bewusst machen können. Es schlummert in der gesamten Schöpfung, wird aber durch die Gebete und die Hingabe derer zum Bewusstsein erweckt, die Gott lieben, die dieses Geheimnis der göttlichen Liebe leben. Ohne das Bewusstwerden dieser Verbindung würde eine gewisse Farbe fehlen, eine Note nicht gehört. Das Werk der Liebenden ist es, diese Beziehung der Liebe zu leben. Das ist ihr Geschenk an die Welt.

Ein Echo dieser Liebe findet sich in dem Band zwischen Eltern und Kind, eine Substanz, die ein Leben lang stützen und nähren und ein Gefühl der Zugehörigkeit geben kann. Es ist anwesend, wenn sich Liebende mit dem Herzen wie auch ihren Körpern berühren und sich für einen Augenblick die Seelen treffen. Und es ist überall um uns herum in einfachen Handlungen der Liebe und Zuwendung für einander, für Fremde und für die ERDE vorhanden. Aber die Beziehung zur göttlichen Liebe, unmittelbar zur QUELLE, hat eine Reinheit jenseits unseres Verstehens, auch wenn sie jede Zelle unseres Körpers erfasst und die Seele verwandelt. Das gehört zum großen Mysterium der Schöpfung.

Und Teil des Geheimnisses der Achse der Liebe ist, wie sie mit dem Herz der Welt in Verbindung steht, mit dem spirituellen Körper der ERDE. Dass die ERDE einen spirituellen Körper besitzt, war unseren Vorfahren schon lange bekannt, und sie kartierten ihre Energiestruktur in den Leylinien (Drachenlinien im Osten) und errichteten da, wo sie sich kreuzten, Steinkreise, Tempel und später Kathedralen auf diesen Energieknoten. Heilige Geometrie, Rituale, Gesänge, Gebete und Praktiken hielten die Welten verbunden, »wie oben so unten«, so dass die Energie floss und eine bestimmte spirituelle Nahrung in der Schöpfung vorhanden war. Doch als dieses Wissen verloren ging, als die Naturwissenschaften ihren Aufstieg begannen, wurde diese Energie allmählich schwerer zugänglich und diese Nahrung verborgener. Als die Welt dann von ihrer QUELLE abgeschnitten war, erlangte der Materialismus Zugriff auf unser kollektives Bewusstsein. Allmählich, über die Jahrhunderte, begannen die Magie der ERDE und das Wissen über ihre spirituelle Bedeutung zu schwinden, bis es nur noch in der Erinnerung von Weisheitshütern, indigenen Volksgruppen und gewissen spirituellen Traditionen gehalten wurde.

Und doch bleibt jetzt, wo so viel verloren und vergessen wurde, die Liebe. Dieses Band der Liebe, das sich durch die Schöpfung zieht, das die Welt des Lichts mit der Welt der Materie verbindet, erhält die spirituelle Natur der ERDE und ihre Möglichkeit zur Evolution am Leben. Ohne diese Liebesverbindung würde das Licht, dieser für die Transformation benötigte Funke, nicht mehr erreichbar sein. Die ERDE würde dann langsam zu den früheren Zeitaltern umkehren, in denen ihre Magie noch nicht erwacht war und man die Namen der Schöpfung noch nicht kannte. Das ist der Moment in unserer derzeitigen Zivilisation, und das ist der Grund, warum wir an einem noch nie zuvor geöffneten Tor stehen. Was würde es für diesen Funken bedeuten, verloren zu gehen, was für diese Liebesverbindung, beschädigt oder sogar zerbrochen zu werden? Wie sähe es aus, wenn sich diese Energie zurückziehen und uns allein lassen würde mit unseren Gedanken und Begierden, mit den Bildern auf unseren Smartphones, ohne dass dieses

Licht noch gegenwärtig und das Lied der Liebe noch zu hören wäre?

Und deshalb ist das Werk, die Freude jener, die der Liebe angehören, dieses Band, diese Verbindung, im Herzen zu leben, es mit ihrem Beten und ihren Praktiken lebendig zu erhalten, mit dem Lied ihrer Seele und ihrem täglichen Erinnern. In der Tiefe unseres Herzens gehören wir unserem GELIEBTEN an, der uns braucht, im Strom der Liebe gegenwärtig zu sein, in dem Fluss des Lichts, der aus dem Allerinnersten fließt. Wir helfen der Welt, sich ihrer göttlichen Natur zu erinnern und daran, dass der Boden, die Samen, die Flüsse und Sterne alle diese Botschaft der Liebe in sich tragen. In all ihren verschiedenen Formen, ihren unterschiedlichen Weisen da zu sein und zu atmen, ist die lebende ERDE eine Feier der Liebe – überall um uns und tief in unserem Herzen lebendig. Und jetzt ruft sie uns, bittet uns weinend, uns ihrer heiligen Natur zu erinnern. Diese Liebesgeschichte ist die tiefste Zusammengehörigkeit unserer Seele und der Seele der Welt. Wir können es uns nicht leisten, das zu vergessen.

ANMERKUNGEN

1 William Wordsworth: *Intimations of Immortality. Ahnungen der Unsterblichkeit.* Dieses Gedicht ist die schönste Beschwörung des Lichts und der Freude der frühen Kindheit und der Trauer »dass oft nicht mal der Tränen Sprache sie erreicht« über den Verlust.

2 David Abram beschreibt, dass »für die Inuit wie auch zahllose andere Volksgruppen Tiere und Menschen dieselbe Sprache sprachen.« Er zitiert eine Inuit-Frau:

Am Anbeginn,
als die Erde mit Menschen und Tieren bevölkert war …
sprachen alle dieselbe Sprache.
Es war die Zeit, da die Worte magisch waren …

Die als Schamanen oder Medizinleute anerkannt waren, »erinnern sich noch deutlich an die uranfängliche Sprache und können deshalb willentlich aus den rein menschlichen Unterhaltungen schlüpfen, um sich dann direkt mit anderen Mächten zu unterhalten.« Aus David Abram: *The Spell of the Sensuous*, deutsch: *Im Bann der sinnlichen Natur*, thinkoya Verlag, 2012, S. 104

3 Lakota-Gebet, übers. von Chief Yellow Lark.

4 Facebook, zum Beispiel, begann als positive Kraft, indem es Leute zusam-

menbrachte und sogar dabei half, den Arabischen Frühling auszulösen. Aber in den letzten Jahren ist es zum »Akteur ohne Gewissen« geworden, dessen Algorithmen die Spaltung, rassistische Gruppierungen, das Verbreiten von Verschwörungstheorien und Desinformationen fördern.

5 Ihm gelang es beinahe, seine Frau Eurydice aus dem Hades, der Unterwelt, zu holen, indem er Pluto und Persephone mit dem Spiel seiner Leier bezauberte.

6 Unser individuelles Bewusstsein wird nicht allein durch eine Zusammensetzung neuronaler Mechanismen gebildet, wie einige Wissenschaftler behaupten, sondern ist ein Lichtfunke, der aus dem reinen Licht der Seele oder *atma* kommt. Deshalb gehört es zum universalen Bewusstsein.

7 Stirbt eine Person, wird ihr eine besondere Gnade zuteil, die ihr bei diesem Übergang hilft und oft als ein Friede am Sterbebett empfunden wird.

8 Mit »inneren Welten« meine ich diese Welten, die für unser physisches Auge unsichtbar sind, aber in anderen Dimensionen der Wirklichkeit existieren, wie die Engelwelt, die Welt der Devas und Naturgeister, die archetypische Welt der Symbole, die innere Welt der Seele und der Seele der Welt (die *anima mundi*). Traditionell hatten unter anderen Schamanen, Mystiker und Seher Zugang zu verschiedenen inneren Welten (auch als verborgene Reiche bekannt). Leider ist es eine der entscheidendsten Zensuren unserer westlichen Kultur gewesen, die Existenz dieser inneren Welten zu leugnen. Das geschah zum Teil durch den wissenschaftlichen Rationalismus, aber auch durch die Katholische Kirche, die jene verfolgte, die direkten Zugang zu den inneren Welten hatten wie zum Beispiel die Gnostiker.

9 Zeichen für eine andere Weise zu leben und für die ERDE zu sorgen, beginnen in Erscheinung zu treten, zum Beispiel in der »regenerativen Landwirtschaft«, die dem Klimawandel entgegenwirkt, indem sie für den Humusaufbau sorgt und die Organismenvielfalt in ausgelaugten Böden wieder aufbaut, oder bei den indigenen Aktivisten des Andenraums, die zum Quechua-Konzept oder »Sumak Kawsay« zurückkehren, was übersetzt so viel heißt wie »in Harmonie und Gleichgewicht leben«. Sumak Kawsay, auch »gutes Leben« genannt, stellt heraus, dass unser menschliches Wohlergehen untrennbar von unserem Ökosystem ist, und betont auch die Rechte der Natur, statt die Natur als Besitz zu betrachten. Das Konzept von »Sumak Kawsay« ist 2008 in die Ecuadorianische Verfassung aufgenommen worden.

10 Manche sehen eine Möglichkeit für solch einen plötzlichen Umbruch in der Veränderung unseres kollektiven Bewusstseins, von der Trennung zu einem Bewusstsein der essenziellen Einheit des Lebens. Während ich ein Bewusstsein der Einheit als grundlegend für unsere menschliche Evolution und jede künftige Zivilisation ansehe, erkenne ich auch die mächtige Umklammerung unseres kollektiven Bewusstseins durch die derzeitige Geschichte des Getrenntseins (und ihren Sprössling, den wissenschaftlichen Materialismus), verkörpert in den Strukturen und Werten unserer gegenwärtigen Zivilisation. Deshalb sieht es danach aus, dass ein wirtschaftlicher und gesellschaftlicher Zusammenbruch Teil unserer Reise sein wird, wollen wir uns aus dem Würgegriff dieser Geschichte befreien und den Übergang schaffen.

11 Unser innerer Garten kann durch den Gebrauch der Imagination betreten werden, siehe: Sandra Ingerman »*Den inneren Garten pflegen*« in: *Lichtvoll*

leben – Schamanische Impulse für jeden Tag, München 2016, Goldmann TB, S. 171-174.

Teresa von Avila stellte sich die Seele als Garten vor und benutzte die Figur eines Gärtners, der den Garten bewässerte, um die Stufen des Betens zu veranschaulichen: von der anfänglich harten Arbeit, das Wasser aus dem Brunnen hochzuziehen, bis zur letzten Station der Gnade, wenn es regnet. Siehe Llewellyn Vaughan-Lee: *Prayer of the Heart in Christian and Sufi Mysticism*, deutsch: *Das Herzensgebet*, S. 45-69, Arbor Verlag 2013.

12 Die Kindergeschichte *The Secret Garden*, (deutsch: *Der Geheime Garten*) von Frances Hodgson Burnett ist eine treffende Analogie zu dieser inneren Welt der Kindheit und zeigt auch, wie sie Sorgfalt und Aufmerksamkeit braucht.

ÜBER DEN AUTOR

LLEWELLYN-VAUGHAN-LEE, *Dr. phil.*, 1953 in London geboren, folgt dem Sufi Pfad seit seinem 19. Lebensjahr. 1991 zog er nach Nordkalifornien und gründete dort das Golden Sufi Center (www.goldensufi.org). Er ist Autor zahlreicher Bücher. Sein Spezialgebiet ist die Arbeit mit Träumen, bei der er die alte Sufi-Methode der Traumdeutung mit den Erkenntnissen der modernen Psychologie verbindet. Seit dem Jahr 2000 liegt der Schwerpunkt seines Schreibens und Lehrens auf der spirituellen Verantwortung in unserer gegenwärtigen Zeit des Übergangs, auf dem Erwachenden des globalen Bewusstseins der Einheit und der spirituellen Ökologie (www.workingwithoneness.org). Er wurde von Oprah Winfrey in *Super Soul Sunday* interviewt und wurde in der Serie *Global Spirit* des Senders PBS vorgestellt.